HYMNES
DE VÊPRES

DES DIMANCHES ET PRINCIPALES FÊTES DE L'ANNÉE,

TRADUITES EN VERS FRANÇAIS,

SUIVIES D'UN GRAND NOMBRE

DE PSAUMES, TRADUITS OU IMITÉS, ETC.

A PARIS,
CHEZ POUSSIELGUE-RUSAND, A LA LIBRAIRIE CLASSIQUE,
RUE DU POT-DE-FER, S.t-SULPICE, N.° 8;

A NANTES,
A LA LIBRAIRIE DE MELLINET - MALASSIS;

A FONTENAY-LE-COMTE,
CHEZ VICTOR HABERT, IMPRIMEUR-LIBRAIRE.

PRIX : 1 F.r 75 C., ET AVEC LA MUSIQUE, 2 F.r 50 C.

Hymnes, Psaumes, Cantiques.

HYMNES
DE VÊPRES

DES DIMANCHES ET PRINCIPALES FÊTES DE L'ANNÉE,

TRADUITES EN VERS FRANÇAIS ;

SUIVIES

D'UN GRAND NOMBRE DE PSAUMES, TRADUITS OU IMITÉS, ETC.:

PAR M. L'ABBÉ J.-J. P.

PROFESSEUR AU SÉMINAIRE DE L***

NANTES,
IMPRIMERIE ET LITHOGRAPHIE DE MELLINET-MALASSIS.

1828.

Les formalités exigées par la loi ayant été remplies, cet ouvrage doit demeurer propriété de l'Éditeur.

A Son Altesse Royale

Madame,

DUCHESSE DE BERRY.

Madame,

C'est avec un sentiment profond de reconnaissance et de crainte que je présente à Votre Altesse Royale ce modeste ouvrage. Sans doute les Hymnes de l'Eglise et les Cantiques du Saint Roi sont dignes de tout ce qu'il y a de plus élevé sur la terre; mais le faible talent qui a osé entreprendre de faire passer dans notre poésie une partie de ces sublimes productions, n'en doit qu'appréhender davantage pour son travail le reproche d'une témérité excessive et d'une imperfection trop disproportionnée au sujet.

Telle est toutefois la bonté et la bienveillance de Votre Altesse Royale : sa présence dans la Vendée a provoqué partout un tel élan d'amour et de confiance, elle a répandu partout tant de bonheur, qu'il n'est plus étonnant que le labeur le plus humble ait ambitionné l'honneur de lui être offert en hommage, et qu'il ait été assez heureux pour l'obtenir.

De qui d'ailleurs un ouvrage qui n'est qu'un chant d'action de grâces et d'espérance, pouvait-il être mieux accueilli que de la douce et bienfaisante Princesse, dont la charité toujours active est elle-même un hymne perpétuel de reconnaissance au Dieu dont sa vive foi reconnait hautement qu'elle a reçu de miraculeuses faveurs ?

Engendré de Dieu même, comme parle le Saint Évangile, mais n'ayant jamais vu ce Père qui est aux cieux, tout fidèle sur la terre est aussi une sorte d'auguste et merveilleux orphelin que l'Église, généreuse et tendre Mère, est chargée de consoler et d'élever pour d'immortelles destinées. C'est pour cela qu'elle lui chante et lui fait chanter avec elle la beauté de son futur héritage, et rappelle sans cesse à son espérance le trône de gloire où il doit voir ce tout aimable Père, et s'asseoir avec lui un jour.

Heureuse Mère, lorsque docile à sa voix inspirée, l'enfant que son Dieu lui a donné fait sa joie à son tour, en avançant sous ses yeux en sagesse comme en âge, et se rendant de plus en plus digne de son glorieux avenir. Heureux moi-même, MADAME, si, sous les auspices d'un nom révéré et obéi, ce petit ouvrage peut contribuer un peu à la consolation de cette Mère commune, en disant quelques-uns de mes Frères. Cette édification serait immense, si elle pouvait s'étendre jamais comme l'amour du nom que tant de bouches bénissent, ou comme les bienfaits qui le font bénir.

Déjà les élèves d'une maison sur laquelle la protection déjà ancienne de Votre Altesse Royale vient de faire descendre la protection même du Roi, avaient paru goûter quelques-uns de ces Cantiques. Combien, s'ils leur reviennent entre mains, dédiés à leur auguste bienfaitrice, ne les goûteront-elles pas davantage encore; et, confondant en un même souvenir la Providence du ciel et les Providences de la terre, ne sentiront-elles pas s'accroître et s'enflammer dans leurs cœurs ce double et inaltérable amour pour Dieu et nos Princes, qui est le caractère et comme l'âme et la vie du peuple fidèle que Votre Altesse Royale a bien voulu visiter.

Je suis avec respect,

Madame,

De Votre Altesse Royale,

Le très-humble, très-obéissant & très-soumis Serviteur,

J.-J. P.

Avertissement.

Les airs proposés en tête des Hymnes, etc., que nous publions, sont, pour la plupart, des airs connus et dont la musique se trouve d'ailleurs à la fin du Recueil des Cantiques, dits de Saint-Sulpice, dans toutes les éditions qui en ont été faites.

Ce Recueil se trouvant généralement répandu, on se contente d'y renvoyer, en rappelant les premières paroles du cantique, et le N.° de l'air.

On a fait graver seulement un petit nombre d'airs nouveaux, faits exprès pour les paroles, et quelques autres qui, bien que très-connus, ne se trouvent pas notés dans le Recueil auquel nous renvoyons.

Les airs de Saint-Sulpice sont indiqués de cette manière : S.-S. N.°....... ; et les autres de celle-ci : M. N. N.°.......

Hymnes.

Pour les Dimanches
Et tout le Temps de l'Avent.

Statuta decreto Dei, etc.

Air : *Le Dieu que nos soupirs appellent.* S.-S., N.° 1, ou M. N., N.° 1.

Enfin le cours des temps s'achève :
Acheté par tant de délais,
Ton jour, Seigneur, enfin se lève,
Et comble nos ardents souhaits.

Héritier d'un père coupable,
Partageant son crime et son sort,
Le monde, ô destin lamentable !
Gisait dans l'ombre de la mort.

Une autre mort bien plus horrible
Au feu qui doit toujours durer,
Par l'arrêt d'un juge inflexible,
Hélas ! va bientôt nous livrer.

O ! d'une chute si profonde
Qui réparera le malheur ?
Quel médecin pourra du monde
Guérir la fatale langueur ?

C'est toi seul ; l'homme est ton ouvrage ;
O Christ, ô Dieu, descends du Ciel :
Descends, viens rendre à ton image
Ses traits et son lustre immortel.

Cieux, répandez votre rosée,
Faites germer l'Oint du Seigneur ;
Et toi, d'en haut fertilisée,
O terre, produis ton Sauveur.

A jamais soit béni le Père ;
Et le Verbe, pour nous fait chair ;
Et l'Esprit-Saint, par qui s'opère
Le mystère à nos cœurs si cher !

Pour la Fête

De la Nativité de Notre Seigneur ;

à Landes.

Jam desinant suspiria, etc.

AIR : *Qu'un jour dure long-temps.* M. N., N.º 2.

Enfin plus de soupirs :
Exauçant nos désirs,
Et notre humble prière,
Le ciel enfin s'ouvre ; et la paix,
La paix et ses divins bienfaits
Descendent sur la terre.

De la profonde nuit
Un mélodieux bruit
A rompu le silence.
Des Anges le céleste chœur
Au monde du Dieu son sauveur
Annonce la naissance.

Accourus à leurs chants,
Les bergers vigilants,
Sont déjà dans l'étable.
Courons nous même à l'Enfant-Dieu,
Et baisons, remplis d'un saint feu,
Son berceau tout aimable.

Entrons : quel triste lieu !
Que voyons-nous, grand Dieu !
Une crèche tombante,
Du foin, des langes, un enfant
Réchauffé dans le sein tremblant
D'une mère indigente !

Est-ce toi que je vois,
O fils du roi des rois,
Splendeur du Dieu ton père ?
Vois-je celui qui sur ses doigts
Soutient, sans en sentir le poids,
Et le Ciel et la terre ?

Oui ; de l'œil de la foi
Je perce jusqu'à toi :
A travers ton nuage,
Je reconnais le Dieu puissant
Que l'Ange adore en s'inclinant,
Et voilant son visage.

Dieu, qui t'anéantis,
Muet tu nous instruis,
Ta leçon, c'est ta crèche :
Ce qui flatte nos sens, le fuir,
Ce qu'ils repoussent, le chérir,
Voilà ce qu'elle prêche.

O toi qui dans les cœurs
Des plus chastes ardeurs
Nourris la flamme pure,
Toi de l'orgueil doux médecin,
Naîs dans nos cœurs, enfant divin;
Notre amour t'en conjure.

Pour la même Fête,
à Vêpres.

Jesu, Redemptor omnium, etc.

AIR: *Enfin le cours des temps s'achève.* M. N., N.° 1.

O Jésus, Rédempteur du monde,
Fils unique du Dieu vivant,

Qui de son essence féconde
Te produit éternellement :

C'est en toi que le monde espère,
Tu fais sa gloire et son bonheur ;
Reçois l'encens de la prière
Qui s'élève de notre cœur.

Si l'homme ici-bas te voit naître
Vêtu de son humanité,
Tu fais participer son être
A ta propre divinité.

Elevés à ce rang insigne,
Ah ! garde tes frères, Seigneur :
Que jamais une vie indigne
N'éteigne hélas ! cette splendeur.

Telle est la fervente prière
D'un jour fier de représenter
Le jour où ta douce lumière,
Beau soleil, vint nous visiter.

Entends les cieux, les mers, la terre,
Bénir, dans leur concert d'amour,
La générosité du Père
Qui te donne au monde en ce jour.

Et nous qui voyons ta naissance
Nous ouvrir la porte des cieux,
Par nos chants de réjouissance
Nous fêtons ce jour précieux.

O Dieu dont une vierge est mère,
Doux Jésus, que tout cœur sans fin
Te bénisse ! Béni le Père !
Et béni votre Esprit divin !

Pour

LA FÊTE DE LA CIRCONCISION

DE NOTRE SEIGNEUR.

Victis sibi cognomina etc.
AIR : *O prodige d'amour !* S.-S., N.° 30.

Que du nom des pays et des peuples vaincus
L'orgueilleux conquérant pompeusement se pare;
Toi qui brisant nos fers prends le nom de Jésus,
Quel peut être à ton choix le choix qui se compare ?
 * Nom de Jésus, seul de mon cœur
 Tu fais l'espoir et le bonheur.

La terre ne peut point invoquer d'autre nom :
Par lui seul des mortels la souffrance est guérie,
Il donne seul aux morts la résurrection,
Et seul les introduit dans l'éternelle vie. *

Ah ! ce nom précieux, qu'un Dieu paya si cher
Qu'en nous avec son sang daigna tracer sa grâce,
Souffrirons-nous jamais, insensés ! que l'Enfer
Par la main du péché de notre âme l'efface. *

Souffrir pour ce saint nom ne doit être à nos yeux
Qu'une faveur sans prix, une grâce infinie.
La mort n'est plus amère au cœur vraiment pieux,
Mais le nom de Jésus la rend digne d'envie. *

O toi qui dans ce jour, par le plus tendre choix,
Prends le nom de Jésus, de Sauveur de la terre,
Ah ! quand nous t'implorons, entends notre humble voix;
De te nommer notre âme est glorieuse et fière. *

O Jésus, Dieu Sauveur, qui d'une vierge est né,
Que tout cœur à jamais t'adore et te chérisse !
Père clément, par qui ce fils nous est donné,
Et toi, divin Esprit, que tout cœur vous bénisse!
  Nom de Jésus, seul de mon cœur
  Tu fais l'espoir et le bonheur.

POUR
LA FÊTE DE L'ÉPIPHANIE.

Hùc vos, ô miseri, etc.

Air : *Jour heureux, sainte allégresse.* S.-S., N.° 108.

Quittez vite vos idoles,
Venez, peuples malheureux ;
Abjurez ces Dieux frivoles,
Sourds, sans parole et sans yeux.
Aveugles, de sa lumière
Sion vous offre le jour :
Venez, dans son sanctuaire
Le vrai Dieu fait son séjour.

CHOEUR.

Du couchant à l'aurore,
Peuples, accourez tous ;
Venez connaître aussi vous
Le Dieu qu'en Sion l'on adore :
Venez connaître aussi vous
Le Dieu qui règne parmi nous.

Et déjà voyez les Mages
Rendus au pied de ses tours,
Saint prélude, nobles gages
D'un plus abondant concours.
Ainsi s'accomplit l'oracle :
« Peuples plongés dans la nuit,
Quel inattendu miracle !
Un jour merveilleux vous luit. »

Ainsi la paix se prépare,
Et deux peuples ennemis
Qu'un vieux mur entr'eux sépare,
En un seul corps sont unis.
Ah ! de l'union bénie
Qui les rassemble tous deux,
Que jamais la triste envie
Ne rompe les divins nœuds !

Mais, ô terrible mystère !
Quoi ? tu déchcois de ton rang,
Toi, nation la première
Dans le cœur du Dieu vivant !
Peuple Juif, ah ! de tes pertes
Vois les Gentils s'enrichir,
Et des eaux que tu désertes
Vivre, quand tu vas mourir.

Déjà les natives branches
De ton olivier sacré
Tombent : Seigneur, tu retranches
Un vil bois dégénéré.
Pour ces branches adultères,
L'arbre avec étonnement
Voit d'heureuses étrangères
Naître et croître au même instant.

CHOEUR.

Du couchant à l'aurore,
Peuples, accourez tous,
Venez connaître aussi vous
Le Dieu que le Chrétien adore :
Venez connaître aussi vous
Le Dieu qui règne parmi nous.

Nous sur la tige prospère
Nous tenons, mais veillons bien ;
Celui qui tient tombe à terre
Si sa foi ne produit rien.
Sur leur tronc, Dieu, par ta grâce,
Replace les vieux rameaux ;
Mais dans leur divine place,
Garde toujours les nouveaux.

Au Père qui nous assemble
Et nous lie en un seul corps,
Sans cesse offrons tous ensemble
Gloire, amour, pieux transports.
Gloire au Fils, le chef sublime
De ce corps mystérieux !
Gloire à l'Esprit qui l'anime,
Et l'échauffe de ses feux !

Pour les Dimanches

APRÈS L'ÉPIPHANIE.

Verbum quod antè sæcula etc.

Air : *Enfin le cours des temps s'achève.* M. N., N.° 1.

Dieu que le ciel du sein du Père
Voit naître dès l'éternité,
Tu nais dans le temps sur la terre
Homme d'une vierge enfanté.

Tu viens détruire l'esclavage,
Dans lequel Adam nous plongea :
Tu viens nous rendre l'héritage
Dont son crime nous dépouilla.

Avec toi naît cette espérance ;
Déjà tu portes en naissant
Les châtiments et la souffrance
Dus aux coupables seulement.

Les larmes qu'on te voit répandre
Dès ton berceau sur nos revers,
Ne coulent que pour nous apprendre
Que tu dois sauver l'univers.

Tu nais pauvre, et ton indigence
Est la richesse des mortels;
Et dans les pleurs de ton enfance
Tu laves leurs cœurs criminels.

Sous les haillons de la misère
Dans une crèche tu languis;
Et l'homme élève sa poussière,
Grand Dieu, quand tu t'anéantis !

O du Père envoyé propice,
Jésus, du monde doux sauveur,

Ah! ne permets pas que périsse
La conquête de ta douleur!

O Dieu dont une vierge est mère,
Jésus, que tous les cœurs sans fin
Te bénissent! Béni le Père!
Et béni votre Esprit divin!

POUR

La Présentation de Notre Seigneur,

Et la Purification de la Sainte Vierge.

Stupete, gentes, etc.

AIR : *O Dieu de la grandeur, etc.* M. N., N.º 7.

O MORTELS, quel prodige! Un Dieu se fait hostie,
A la loi se soumet un Dieu législateur;
Une mère est sans tache, elle se purifie,
Et rachète de tous le commun rédempteur.

Mère vierge, Marie, ainsi qu'une autre mère,
Durant deux fois vingt jours s'interdit le saint lieu.
Et pourquoi redouter l'accès du sanctuaire?
Toi-même n'es-tu pas le vrai temple de Dieu ?

Au même autel s'immole une triple victime :
De sa virginité Marie offre l'honneur;
L'enfant, son corps naissant que l'amour seul anime;
Un vieillard veut mourir en voyant son Sauveur.

Tendre mère, ô! quel glaive et quelle angoisse affreuse
Déchireront un jour ton cœur né pour gémir!
Ce cher fils qu'au Seigneur offre ta main pieuse,
Doit un jour, saint agneau, sur son autel mourir.

Oui ce corps innocent et cette chair si tendre
A la mort aujourd'hui d'avance sont offerts.
Elle l'épargne enfant; mais homme, il doit répandre
Et sa vie et son sang pour sauver l'Univers.

Gloire éternelle au Père! Au Fils gloire éternelle!
Esprit-Saint, gloire à toi qui tous deux les unis!
Qu'à la Trinité Sainte une flamme immortelle
Immole pour jamais nos cœurs et nos esprits!

Pour le Dimanche

et

LE TEMPS DE LA SEPTUAGÉSIME.

Vos, ante Christi tempora etc.

Air : *Le Dieu que nos soupirs appellent.* S.-S., N.° 11.

Vous, du Christ, avant sa venue,
Les disciples et les enfants,
Antiques Justes, troupe élue,
Salut, ô Pères des Croyants !

De votre foi qui pourra dire
Combien les regards sont perçants ?
De l'espoir qui chez vous soupire
Qui comptera les saints élans ?

Exilés, voyageurs, la terre
De vous n'obtient que des mépris ;
L'esprit vous fait voir le mystère
Des biens par la lettre promis.

En Dieu seul votre âme fixée
Sans cesse regarde les cieux,
Jésus, fais que notre pensée
Toujours nous porte au ciel comme eux.

A jamais béni soit le Père !
A jamais béni soit le Fils !
Que tout te bénisse et révère,
Esprit des deux, qui les unis !

Pour les Dimanches

et

TOUT LE TEMPS DE CARÊME.

Audi, benigne Conditor, etc.

AIR CONNU : *Ah! j'ai péché contre Dieu même.* Ou S.-S., N.º 11.

Dieu Créateur, Dieu de clémence,
Entends nos cris, vois nos douleurs;
Quarante jours de pénitence
Vont unir le jeûne à nos pleurs.

Ta pénétrante et douce vue
Des cœurs te découvre le fond.
Notre foiblesse t'est connue,
De toi qu'elle obtienne pardon.

Grande sans doute est notre offense,
Mais nous te confessons nos torts ;
Pour la gloire de ta clémence,
Fais-nous grâce et rends-nous plus forts.

Tandis qu'une chair orgueilleuse
S'abat sous de saintes rigueurs,
Qu'une abstinence plus heureuse
De tout péché sèvre nos cœurs.

Trinité Sainte, unique essence,
Fais que le jeûne, gage heureux
De ta paternelle indulgence,
Porte en nous ses fruits précieux.

Pour le Dimanche

et

LE TEMPS DE LA PASSION.

Vexilla Regis prodeunt, etc.

Air : *O prodige d'amour*, S.-S., N.° 50.

Voici de notre Roi l'étendard triomphant !
Voici le sacré bois où l'amour le plus tendre
Veut que le créateur de la chair et du sang
Laisse clouer sa chair et son sang se répandre.
   * Chrétiens, chantons à haute voix :
   Vive Jésus ! vive sa croix !

Oui c'est sur cette croix que son sein est percé ;
Que sous un fer barbare, ô céleste victime,
Ton sang coule, et l'eau même à ce sang épuisé
Se joint comme à l'envi pour laver notre crime. *

Ainsi donc s'accomplit l'oracle solennel :
« Un vil bois, Dieu puissant, est ton sceptre admirable.
Parmi les nations, de ton règne éternel
Ce bois sera la source et le signe adorable ». *

Saint trophée, arbre auguste, ô trône glorieux,
Où notre Roi s'assied, qui, par un choix insigne,
Seul de boire les flots de son sang précieux,
Seul de toucher son corps est par lui trouvé digne ! *

Arbre heureux, en tes bras notre sort est pesé :
Le monde voit sur l'un le crime qui le souille,
Sur l'autre, de son Dieu le corps est balancé ;
Dieu l'emporte, et l'Enfer te laisse sa dépouille. *

Salut, ô notre espoir, notre unique trésor,
Croix Sainte, qui d'un Dieu rappelles le supplice.
Que le juste par toi se justifie encor,
Que par toi le pécheur recouvre la justice. *

Père, Fils, Esprit-Saint, Suprême Trinité,
Sois bénie à jamais de tout ce qui respire !
Qu'à jamais l'Univers par la croix racheté
Ressente les bienfaits de ton clément empire !
    Divine croix, sceptre sauveur,
    Règne à jamais sur notre cœur !

Pour la Fête

de la

COMPASSION DE LA SAINTE-VIERGE.

Stabat mater dolorosa etc.

AIR : *Près d'un cercueil parsé de lis.* M. N., N.° 3.

Debout près la croix de son fils,
De Jésus la sensible mère
Contemplait ces membres chéris,
Pendants sur la croix meurtrière.
Immobile, les yeux en pleurs,
L'âme d'un glaive transpercée,
Elle ressentait les douleurs
Dont une autre âme était brisée.

Mère auguste, ô ! quel est le poids
De l'affliction qui l'oppresse,
En voyant sur l'infâme bois
L'unique objet de sa tendresse !
Son âme, son cœur, tous ses sens,

Tout frémit, tout ressent l'injure
Et les ineffables tourments
Que sous ses yeux son fils endure.

O Marie ! ô cœur maternel !
Quel trait douloureux te déchire !
Ah ! sans pleurer, quel œil mortel
Pourrait contempler ton martyre ?
Qui pourrait ne pas s'affliger
Avec toi, te voyant toi-même,
Tendre mère, ainsi partager
De ton fils la douleur extrême ?

Pour les péchés de l'Univers
Déjà de son Jésus aimable
Marie a vu livrer les chairs
Aux coups du fouet impitoyable,
Maintenant ce fils bien-aimé,
Elle le voit à l'agonie :
C'en est fait, son œil s'est fermé,
Il expire !.... il n'est plus en vie.

O Mère ! ô fontaine d'amour,
Fais que de ton fils le supplice
En moi se reverse à mon tour,
Et qu'avec toi mon cœur gémisse.

Fais-moi brûler pour mon Sauveur
De la plus amoureuse flamme :
Pour plaire au Dieu son rédempteur
Que l'amour consume mon âme.

Mère sainte, écoute mes vœux :
De ton fils que l'on crucifie
Enfonce en mon cœur amoureux
Les clous et la douleur chérie.
S'il souffre aujourd'hui, c'est pour moi,
C'est pour moi que son sang ruisselle ;
Fais-moi partager avec toi
L'angoisse de sa mort cruelle.

Oui, que mon cœur avec ton cœur
Aux maux de la mourante hostie
Compatisse, et que ma douleur
Ne finisse qu'avec ma vie.
Avec toi je veux demeurer
Près du bois où ton fils expire ;
Avec toi gémir et pleurer,
Tel est le doux sort où j'aspire.

O Vierge, des vierges l'honneur,
Exauce enfin donc ma prière :
Fais, je t'en conjure, à mon cœur
Partager ta douleur amère.

Comme Jésus souffrir, mourir,
C'est mon vœu ; fais-moi cette grâce.
Que de sa mort le souvenir
Jamais de mon cœur ne s'efface.

En ma chair de mon doux Sauveur
Empreins les blessures sanglantes ;
Que sa croix fasse mon bonheur
Et mes délices enivrantes.
Qu'avec toi consumé d'amour,
Je trouve en toi, Vierge propice,
Près de mon juge au dernier jour,
Une opportune protectrice.

Qu'en attendant, l'aimable croix
Soit ma salutaire gardienne,
Et que du Dieu mort sur ce bois
La grâce toujours me soutienne.
Puis, lorsqu'enfin ce corps mortel
Retournera dans la poussière,
Fais que mon âme admise au ciel
Règne à jamais dans la lumière.

POUR LE
Saint Jour de Pâques.

(Imité de l'hymne de Laudes du Dimanche.)

AIR : *Français, au trône de ses pères.* M. N., N.° 4.

Entonnons l'hymne d'allégresse ;
Enfin luit le jour du bonheur :
Du tombeau, selon sa promesse,
Jésus sort, et la mort reconnaît son vainqueur.

CHOEUR.

A Jésus, dans ce jour de gloire,
Chantons un cantique nouveau.
Sa victoire est notre victoire,
Et nous sortons avec lui du tombeau.

Du haut des cieux sourit le Père
Au Fils qu'il a ressuscité :
Au Fils empreint de sa lumière,
Et rayonnant de gloire et d'immortalité.

De ce fils la nouvelle vie
S'épanche sur tout l'Univers :
Toute la terre est rajeunie,
Un jour pur et nouveau resplendit dans les airs.

Au milieu de ce beau spectacle
Où se complaît le Roi des cieux,
L'homme apparaît comme un miracle,
Qui même du Très-Haut semble étonner les yeux.

Dans le sang de son fils blanchie,
L'âme de l'homme criminel
Répète l'éclat et la vie
Et l'immortalité de ce fils immortel.

Non jamais, quand sa main féconde
Eut formé la terre et les cieux,
Jamais au Créateur du monde
Son œuvre ne parut si beau, si merveilleux.

O Jésus, nos voix te bénissent,
Accueille ces pieux accords.
Qu'à nos chants tes Anges s'unissent,
Et viennent de nos cœurs seconder les transports.

O Jésus, ta mort généreuse
Seule a pu nous vivifier ;

Puisse à jamais notre âme heureuse
Ne vivre que pour toi, pour te glorifier !

O Jésus, conserve à nos âmes
La vie acquise par ton sang ;
Nourris en nous ces douces flammes
Qui font vivre les cœurs, tout en les consumant.

O Jésus, au séjour céleste
Puissions-nous bientôt t'être unis !
Après tant de faveurs, il reste
A contempler tes traits adorés et chéris !

POUR LE

Dimanche de la Quasimodo
Et tout le temps Pascal.

Forti tegente brachio, etc.

AIR : *Que cette voûte retentisse.* M. N., N.° 3 ou 1.

Par le secours du bras céleste
Voilà donc l'abîme passé,

Et pour jamais le joug funeste
De notre tyran est brisé.

A Dieu chantons un saint cantique,
Et remplis d'un esprit nouveau,
Parés de la blanche tunique,
Courons au banquet de l'Agneau.

Embrâsés d'amour et de zèle,
Mangeons sa chair, buvons son sang;
La grâce et la vie éternelle
Sont dans ce céleste aliment.

Notre agneau, notre pâque sainte,
C'est Jésus, c'est ce Dieu sauveur :
De son pur sang notre âme teinte
Ne craint rien de l'Ange vengeur.

O sainte, ô merveilleuse hostie!
Qui rend la vie à l'Univers,
Des Démons brise la furie,
Et nous arrache de leurs fers!

Du tombeau Jésus se ranime,
Et de son bras victorieux
Replonge Satan dans l'abîme,
Qu'il ferme, et nous ouvre les cieux.

Qu'avec toi mourir et revivre,
Jésus, soit notre sort heureux!
Que nous n'aspirions qu'à te suivre;
Que notre cœur soit tout aux cieux!

Au Père, au Fils louange et grâce:
Au Fils qui, de la mort vainqueur,
Nous appelle au ciel sur sa trace!
Grâce à l'Esprit du Dieu sauveur!

Pour

LA FÊTE DE L'ANNONCIATION

DE NOTRE SEIGNEUR.

Hæc illa solemnis dies, etc.

AIR: *O mon Jésus, ô mon bien et ma vie.* S.-S., N.º 53.

A te fêter, beau jour, que tout s'empresse,
O du salut pur et brillant matin:
Dans nos douleurs, du haut des cieux enfin
Chez nous descend la paix et l'allégresse.

Fils malheureux d'un trop coupable père,
Et dans sa chute entraînés avec lui,
Pour relever les hommes, aujourd'hui
Le Dieu Très-Haut s'abaisse jusqu'en terre.

Le Dieu de Dieu, qui puise en Dieu son être,
Eternel fruit de son sein éternel,
Aujourd'hui prend un être temporel,
Et d'une femme il consent à renaître.

D'un corps mortel il revêt la nature,
Qui pour le monde un jour doit s'immoler ;
Et son pur sang, que nous verrons couler,
De l'homme impur lavera la souillure.

Dans un corps vil l'immensité suprême
Veut resserrer son être illimité.
Pour ramener l'homme à Dieu, la bonté
Fait parmi nous habiter Dieu lui-même.

O Dieu qui viens pour racheter la terre,
Fils du Très-Haut, que l'Univers sans fin,
Avec le Père et votre Esprit divin,
T'aime et bénisse, en ce touchant mystère.

POUR

La Fête de Saint-Joseph.

Quos pompa secli, quos opes etc.

AIR : *Chère jeunesse, etc.* S.-S., N.° 1.

Vous qu'éblouit la pompe séculière
Et les trésors d'un monde fastueux,
Ah! méprisez son bonheur éphémère;
Un grand exemple est offert à vos yeux.

Voyez Joseph! lui de Jésus le père,
Lui rejeton du beau sang de David,
Un atelier le cache solitaire,
Et le travail l'occupe et le nourrit.

Bien plus, bien plus, jusqu'à l'Homme-Dieu même,
Le Dieu Très-Haut exerce un art grossier.
De l'Eternel l'éternel fils, il aime
D'être appelé le fils du charpentier.

Coupable Adam, Jésus, pure innocence,
Porte ta peine ! Ah ! malheureux pécheur,
Autant du moins qu'il est en ta puissance,
Avec Jésus satisfais au Seigneur.

Heureux gardien de Jésus et Marie,
Dans ta maison, ô Joseph, tu n'as rien ;
Mais ô trésor ! ô richesse infinie !
Avec Jésus l'on possède tout bien.

O Père, ô Fils, soyez bénis sans cesse :
Fils généreux, qui, de riche et puissant,
T'es fait pour nous indigence et faiblesse !
Béni l'Esprit du Dieu d'abaissement !

POUR

La Fête de L'invention

De la Sainte Croix.

Signum novi, Crux, Fœderis etc.

Sainte Croix, arche salutaire,
Par qui le monde naufragé

Echappe à la longue colère
Des flots qui l'avaient submergé :

Signe de paix et d'alliance,
Bien mieux que l'arc peint dans les airs,
Tu nous rappelles la clémence
Du Dieu qui sauva l'Univers.

Prend-il sa foudre vengeresse ?
Tu la fais tomber de sa main ;
Il te voit, sa colère cesse,
Et le ciel redevient serein.

O toi que de sa dent impure
A mordu l'infernal serpent,
Regarde la Croix, ta blessure
Sera guérie au même instant.

C'est là l'autel du sacrifice
D'un Dieu s'offrant à Dieu pour nous :
De là du Fils la voix propice
Du Père calma le courroux.

O Croix auguste, ô Croix chérie,
Bois rougi du sang du Sauveur,
Fais que nous puisions tous la vie
Dans la mort du Dieu rédempteur.

Toi qui sur la Croix salutaire
Mourus pour nous, Fils généreux,
Sois béni ! Béni soit le Père !
Et béni l'Esprit de tous deux !

POUR

La Fête de l'Ascension

De Notre Seigneur.

Opus peregisti tuum, etc.

Jésus, ton œuvre est achevé :
La mort reconnaît ta victoire ;
Le monde en ton sang est lavé ;
Remonte aux splendeurs de ta gloire,
De l'opprobre enfin relevé.
  * Remonte dans ta gloire !
Mais daigne nous garder toujours dans ta mémoire!

Déjà, vers le ciel qui t'attend,
Le char d'une nue azurée
T'enlève! Après toi s'élançant
La Captivité délivrée
Escorte ton char triomphant. *

Les Anges étonnés, du ciel
Ont vu s'ouvrir le sanctuaire :
Et, triomphateur solennel,
L'Homme-Dieu monter vers son Père
S'asseoir sur son trône éternel.
 * Triomphe dans ta gloire!
Mais daigne nous garder toujours dans ta mémoire!

Là, Prêtre pour l'éternité,
Sans cesse offrant le sang propice
Que sur la croix ta charité
Daigna verser en sacrifice,
Tu calmes ton Père irrité. *

De là tu nourris, entretiens
Ton Eglise, épouse chérie;
Tu répands dans le cœur des tiens
Ton esprit qui les vivifie :
Tu les combles des plus doux biens. *

Au milieu de tous ses combats,

D'en haut tu soutiens son courage;
Tu fais triompher tes soldats,
Et, récompensant ton ouvrage,
Bientôt tu les couronneras. *

Ainsi tu l'as dit, tu le veux,
De tes membres la destinée
Est de suivre leur chef heureux.
Ah! par ta grâce fortunée,
Vite attire-les tous aux cieux.
Triomphe dans ta gloire!
Mais daigne nous garder toujours dans ta mémoire!

POUR

LE SAINT JOUR DE LA PENTECOTE,

à  Tierce.

———

Veni, Creator etc.
AIR : *Présent du ciel, divine mélodie.* Ou S.-S., N.° 9.

Viens, Esprit-Saint, créateur de notre être,
Viens visiter ceux dont tu fis les cœurs :

Sur leurs besoins que tu dois bien connaître,
Verse d'en haut les dons réparateurs.

Eh! n'es-tu pas celui que l'on appelle
Consolateur, du Dieu Très-Haut le Don,
Feu, Grâce, Eau vive, Amour, Piété, Zèle,
Et des esprits la céleste Onction ?

De toi sept dons à la fois se répandent,
Vertu du Père, et le Doigt de sa main :
Lorsque tes feux par lui promis descendent,
Ils font parler un langage divin.

Dans nos esprits fais briller ta lumière,
Remplis nos cœurs de ta divine ardeur,
D'une chair faible, ô souffle salutaire,
Sois le secours et la chaste vigueur.

Fais que bien loin notre ennemi s'enfuie,
Assure-nous une profonde paix ;
Luis devant nous, et garde notre vie
De toute attaque et tout piége secrets.

Fais-nous le don de connaître le Père,
Et de connaître en même temps le Fils ;
Sans t'oublier, ô terme du mystère,
Esprit des deux, lien qui les unis.

Au Père, au Fils, gloire, gloire éternelle !
Gloire éternelle à l'Esprit généreux,
Qui dans les cœurs, de sa flamme immortelle
Daigne épancher la lumière et les feux.

A VÊPRES.

Quò vos Magistri etc.

Air : *Jour heureux! sainte allégresse!* S.-S., N.° 108.

Partez vite, où vous appelle
La gloire du Dieu sauveur,
Et l'Univers infidèle
Dont il est le rédempteur.
Annoncez, langues de flamme,
La nouvelle du salut.
De vos soins Sion réclame
D'abord le pieux tribut.

CHOEUR.

Le Dieu qui vous éclaire
Est un Dieu généreux ;
Allez répandre en tous lieux
Et ses doux feux et sa lumière :
Allez répandre en tous lieux
Et sa lumière et ses doux feux.

Dieu ! quelle moisson soudaine !
Trois mille hommes ont reçu
La parole qui ramène
Le pécheur à la vertu.
Dieu bénit cette semence,
Qui produit en peu de temps
La plus heureuse abondance
Des fruits les plus excellents.

Partout, suivant votre trace,
Accourent en gémissant
Des pécheurs demandant grâce,
Par le fils du Dieu vivant.
Tous s'empressent au baptême,
Et de leurs crimes lavés,
Bénissent l'amour extrême
Du Dieu qui les a sauvés.

Mais de l'étroite contrée
Qui vous entend seule encor,
De vos cœurs l'ardeur sacrée
Doit plus loin prendre l'essor.
Partout où l'homme respire,
Par le soleil éclairé,
Allez, fondez votre empire :
L'Univers vous est livré.

Au son de votre parole,
Déjà voyez en tous lieux
S'écrouler sur leur idole
Tous les temples des faux-dieux.
La fière philosophie
Cède à ces docteurs nouveaux ;
Cédez, tyrans en furie ;
Cédez, impuissants bourreaux.

L'Esprit souffle sur le monde,
Comme autrefois sur les eaux,
Et sous sa chaleur féconde
Un nouveau monde est éclos.
Que ta flamme, Amour suprême,
Nous embrase à notre tour :
Fais-nous devenir nous même
Nouveaux hommes dans ce jour !

CHOEUR.

Entends notre prière,
  Grand Dieu, du haut des cieux;
Répands en nos cœurs pieux
Et tes doux feux et ta lumière :
Répands en nos cœurs pieux
Et ta lumière et tes doux feux.

Gloire, amour, louange au Père !
Gloire, amour, louange au Fils,
Qui daigne envoyer sur terre
L'Esprit qu'il avait promis !
Gloire à l'Esprit, l'Amour même,
Portant son feu dans les cœurs,
Et lui donnant, quand on aime,
De nouveaux degrés d'ardeurs !

Pour la Fête
De la Très-Sainte Trinité.

Ter sancte, ter potens Deus, etc.
AIR : *Vous m'ordonnez, grand Dieu, d'aller à vous.* S.-S., N.º 69.

Dieu trois fois saint, et trois fois tout-puissant,
O Trinité profonde, inconcevable!

O Clarté vive! ô Dieu trois fois brillant,
Trois fois heureux de ta gloire ineffable!

O véritable, éternelle Unité!
O Vérité simple, unique, éternelle!
O sainte, pure, immense Charité,
De tous les biens cause et source immortelle!

Tu vis au sein d'un nuage profond,
D'une lumière à toi seule accessible;
Autour de toi l'Ange voilant son front
N'ose fixer ta majesté terrible.

Nous qu'en ton nom l'onde régénéra,
Nous confessons ton sublime mystère;
Et notre foi semble jouir déjà
Du prix divin que notre amour espère.

Que nous puissions, ô Père, t'obéir!
Que notre oreille, ô Fils, sache t'entendre!
Inspire-nous, Saint-Esprit, d'accomplir
Ce que sa voix daignera nous apprendre!

Exaucez-nous, et remplissez nos vœux,
Père clément, et toi, l'égal du Père,
Son Fils unique; et toi, l'Esprit des deux,
Et de tous deux la flamme et la lumière!

Pour la Fête
Du Très-Saint Sacrement.

A LA PROCESSION.

Sacris solemniis etc.

Air : *Nous te louons, Seigneur*, etc. M. N., N.º 12.

Chrétien, à célébrer la plus auguste fête
Que ton cœur et ta voix joyeusement s'apprête ;
Mais que la voix, le cœur, tout l'homme soit nouveau,
Pour chanter dignement un mystère si beau.

Nous fêtons ce banquet et cette nuit suprême,
Où Jésus, entouré des disciples qu'il aime,
A table leur servit les azymes pieux,
Et l'agneau par la loi prescrit aux vieux Hébreux.

Lorsqu'ils eurent mangé la victime ordonnée,

Du Seigneur par ses mains la chair leur fut donnée,
Toute à tous à la fois, et toute à chacun d'eux :
Tel est de son amour l'excès prodigieux !

Oui, de son corps il veut soutenir leur faiblesse,
Il leur donne son sang pour guérir leur tristesse :
« Voici mon corps, dit il, mon corps livré pour vous,
Mangez ; voici mon sang, prenez, buvez-en tous. »

C'est ainsi qu'il fonda ce divin sacrifice
Dont à ses prêtres seuls il a remis l'office.
Le prêtre, ô beau pouvoir ! lui-même pour lui prend,
Et distribue à tous l'adorable aliment.

Ainsi l'homme est nourri du pain même de l'ange.
Plus de manne ; du ciel c'est le vrai pain qu'il mange.
O merveille ! Un esclave, un pauvre, un pur néant,
Manger son roi, son maître et son Dieu tout-puissant !

O Dieu, Trinité Sainte, unique et pure essence,
Sans te voir, les mortels sont pleins de ta présence.
Fais qu'en suivant tes lois, nous arrivions un jour
Dans la vive lumière où tu fais son séjour.

Sur le même Sujet.

Adoro te supplex, etc.

AIR : *O prodige d'amour!* S.-S., N.° 36.

J'ADORE un Dieu caché mais visible à ma foi :
Sous les semblants du pain réelle est sa présence.
Tout mon être, Seigneur, s'incline devant toi,
Devant toi se confond ma faible intelligence,
* Adorons tous le Dieu d'amour
Parmi nous faisant son séjour.

Je vois, je touche et goûte, et je me tromperais,
Si la foi n'avait pas mieux instruit mon oreille.
Je crois : Verbe de Dieu, tous tes discours sont vrais,
Il ne vient point d'ailleurs d'assurance pareille. *

La croix ne nous cachait que ta divinité;
Ici se cache encor ton humanité même.
J'y reconnais pourtant ta double royauté,
Et te demande part dans ta gloire suprême. *

Thomas a voulu voir tes blessures ; mais moi,
Je vois, il me suffit, ton immense tendresse.
Mon Seigneur et mon Dieu! Je crois; fais que la foi
Et l'espoir et l'amour croissent dans moi sans cesse. *

O Sacré monument de la mort du Seigneur,
Pain vivant, c'est de toi que vit l'âme fidèle.
Ah! fais vivre la mienne, entretiens sa vigueur,
Pour elle sois toujours d'une douceur nouvelle. *

Sur cette âme, ô Jésus, source de pureté,
Que ton sang précieux coule et la rende pure :
Ton sang, dont une goutte, au gré de ta bonté,
Seule du monde entier peut laver la souillure. *

Jésus, qui tout voilé charmes ici mes yeux,
Tu connais mon désir et ma soif amoureuse:
Ah! puissé-je bientôt, parmi les Bienheureux,
Sans voile contempler ta face glorieuse!
  O! quand luira cet heureux jour
  Qui couronnera mon amour?

À Vêpres.

Pange, lingua, etc.

Air : *Quel feu s'allume dans mon cœur ?* S.-S. . N.º 10.

Chantons un objet ravissant,
Ma langue, chantons le mystère
De la chair d'un Dieu, de son sang ;
De son sang, pour sauver la terre ;
Versé de son généreux flanc.
  * Amour, amour immense,
Accepte les doux chants de la reconnaissance.

Ce Dieu que l'amour nous donna,
Le fils de la pure Marie,
Vécut pour nous, et nous aima
Jusques au terme de sa vie,
Où son amour se signala. *

Le jour avant que de mourir,
Mangeant la Pâque commandée,

Aux Douze qu'il daigna choisir,
De sa main, par l'amour guidée,
Il se donne pour les nourrir. *

Sa parole, instrument divin,
Par une merveille ineffable,
En son vrai corps change le pain,
Le vin en son sang véritable;
La foi le voit, l'œil cherche en vain. *

Devant ce mystère amoureux,
Tombons la face contre terre.
Adorons ce Dieu généreux,
Puis mangeons ce pain salutaire,
Buvons ce vin délicieux. *

Gloire au Père donnant son Fils!
Gloire au Fils se donnant lui-même!
Et gloire à toi qui les unis,
Esprit d'amour, Amour suprême,
Qui d'un Dieu même nous nourris!
    Amour, amour immense,
Accepte les doux chants de la reconnaissance!

Pour la Fête
DU SACRÉ-CŒUR DE JÉSUS.
à Laudes.

Quæ latus Jesu cruenta etc.

AIR : *O vous, qui nuit et jour.* M. N., N.° 6.

Quand sous un fer sanglant
   S'ouvre ton flanc,
   Il me découvre
  Ton cœur, ton sacré cœur,
  O mon divin Sauveur.
Courons tous : du salut c'est la porte qui s'ouvre !

CHOEUR.

Jésus, mon doux Sauveur,
   O quel bonheur
D'être admis dans ton cœur !
   O quel bonheur
D'être admis dans ton cœur !

O Sinaï, ton Dieu
  N'a plus de feu
  Ni de tonnerre :
Ce Dieu n'est plus qu'amour,
Et ne veut en retour
Que l'hommage amoureux d'un cœur pur et sincère.

  De ce cœur, par torrents,
  Les dons cléments
  Coulent sans cesse :
Le pauvre, il l'enrichit ;
L'infirme, il le guérit ;
Dans l'âme qui gémit il répand l'allégresse.

  Accours surtout, pécheur,
  De la douceur
  Tu vois le trône.
Ta grâce est dans ce cœur :
Si le foudre vengeur
Te poursuit, c'est ici qu'il s'arrête et pardonne.

  Qu'un amour si divin
  Ne soit pas vain !
  Cœur tout de flammes,
Que nos cœurs endurcis
Par toi soient amollis !
Du feu qui te consume embrâse aussi nos âmes !

POUR LA MÊME FÊTE,

à Vêpres.

Christe, fons jugis etc.

AIR : *Quel spectacle nouveau !* etc. S.-S. N.º 49.

O Fontaine d'eau vive, ô Jésus mon Sauveur,
Ouvre-moi de ton sein l'amoureux sanctuaire :
A mon âme permets qu'elle se désaltère
A la source où se boit le céleste bonheur.

Tranquillement cachée en cet abri divin,
Loin des bruyants plaisirs où le monde se livre,
L'âme heureuse, à longs traits, et s'abreuve et s'enivre
De Dieu même et des feux qu'il répand dans son sein.

C'est là qu'un trait brûlant vient traverser son cœur :
Du cœur même de Dieu part la flèche amoureuse ;
Et lui-même est le trait et la blessure heureuse
Dont l'atteinte guérit l'âme de sa langueur.

Son amour en devient plus vif et plus ardent ;
En retour le Sauveur redouble de tendresse :
Et par ces divins feux qui s'accroissent sans cesse,
Tout son être n'est plus qu'un saint embrâsement.

O Jésus, que ton feu s'allume dans mon sein :
Pour pratiquer le bien, qu'il m'échauffe et me luise,
Par ton divin esprit qu'en tout je me conduise ;
Seul dirige toujours et mes pieds et ma main.

Dans ton cœur, saint tombeau, Dieu sauveur, cache-moi.
Là qu'à moi-même mort, je vive de ta vie :
Qu'à jamais oubliant le monde et sa folie,
A toi seul je m'attache, et ne serve que toi.

Louange au Père, au Fils, dont l'amour mutuel
Est un brâsier qui naît et vit avec eux-mêmes !
Gloire au vivant foyer de ces ardeurs suprêmes,
L'Esprit-Saint, de tous deux l'amour substantiel.

Pour les Dimanches
APRÈS LA PENTECOTE.

O luce qui mortalibus etc.
Air nouveau. M. N., N.° 24, ou S.-S., N.° 56.

Dieu caché dans un jour divin
Inaccessible à notre vue :

Dont la face du Séraphin
Sans voile n'est pas soutenue;

Ici-bas sur notre œil mortel
Règne un brouillard, une nuit sombre;
Mais pour nous ton jour éternel,
En se levant, chassera l'ombre.

Tu nous le tiens tout prêt, Seigneur,
Ce jour d'éclatante lumière,
Dont le soleil, dans sa splendeur,
Offre à peine une ombre légère.

Qu'il tarde hélas ! quand est-ce enfin,
Jour désiré, que tu dois luire ?
Mais pour voir ton brillant matin,
Ce corps mortel doit se détruire.

C'est quand ce filet se rompra,
Que libre, au séjour d'allégresse
Notre âme enfin s'envolera
Voir, aimer, bénir Dieu sans cesse.

Trinité Sainte, ô Dieu d'amour,
Anime aux vertus notre zèle;
Et quand du temps mourra le jour,
Fais luire la vie éternelle.

Pour la Fête

DES BIENHEUREUX APOTRES

PIERRE ET PAUL.

Tandem laborum, etc.

AIR : *O Dieu, de la grandeur* etc. M. N., N.° 7.

Enfin vous triomphez, Apôtres pleins de gloire :
Les temples des faux-dieux croulent de toute part ;
Et Rome, qui soumit le monde à sa victoire,
D'elle-même étonnée, est sous votre étendard.

Son tyran a frémi ; mais vous, nobles victimes,
Par le glaive et la croix vainqueurs en expirant,
Allez régner au ciel sur des trônes sublimes ;
Un monde de Chrétiens naîtra de votre sang.

Rome de ses Césars, pourriture orgueilleuse,
Fuit d'horreur les débris adorés autrefois ;
Vos sacrés ossements la rendent glorieuse,
Et son fier Capitole adore votre croix.

Rome, à qui leur beau sang a donné tant de lustre,
Tu peux le dire, ils sont tes nouveaux fondateurs :
Reine de l'Univers, à leur trophée illustre
Tu dois ton sceptre immense, et tes hautes splendeurs.

Gloire éternelle au Père ! au Fils gloire éternelle !
Au Fils pour qui les Saints ont répandu leur sang.
A l'Esprit qui soufflait une flamme si belle,
Sur terre comme aux cieux, gloire éternellement !

Pour la Fête
De la Transfiguration de Notre Seigneur ;

A LAUDES.

Jesu, dulcedo cordium, etc.

AIR : *Beau ciel, éternelle demeure.* M. N, N.° 8.

Jésus, doux charme de mon âme,
Source vive, divin flambeau :
O de tous les biens le plus beau,
C'est toi seul dont l'amour m'enflamme.

* Doux Sauveur,
Toi seul seras toujours ma gloire et mon bonheur.

D'une incomparable allégresse,
O Jésus, tu remplis mon cœur ;
Et mon âme, ivre de bonheur,
Ne sait que te louer sans cesse. *

Ah ! demeure avec moi, bon maître,
De ta lumière éclaire-moi ;
A mon cœur toujours plein de toi
Par tes douceurs fais-toi connaître. *

Quand ce cœur reçoit ta visite,
Il voit luire la vérité :
Du monde il sent la vanité,
Dans lui ton amour seul habite. *

Ah ! fais-moi sentir l'abondance,
O doux Jésus, de ton amour :
Fais-moi du glorieux séjour
Voir la splendeur par ta présence. *

Celui que ton amour enivre
Connaît la saveur de Jésus.
Que peut-il désirer de plus,
Lorsqu'à lui Dieu même se livre ? *

Vers le ciel, ma chère patrie,
Tu me guides, ô Dieu sauveur,
Et de mon exil la douleur
Par tes bienfaits est adoucie.

Du chagrin chasse le nuage,
Garde toujours mon cœur serein,
En attendant qu'au ciel enfin
Ta gloire soit mon héritage.
  Doux Sauveur,
Toi seul feras toujours ma gloire et mon bonheur.

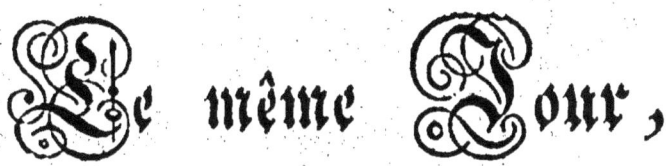

À VÊPRES.

Hoc jussa quondam rumpimus etc.

Air : *Que cette voûte retentisse.* M. N., N.º 3.

Cette fête à nos cœurs si chère
Nous permet enfin de parler,
Et de dire le beau mystère
Qu'il nous fut prescrit de céler.

Nous étions trois, quand notre maître
A travers son humanité
Sur le Thabor laissa paraître
Et briller sa divinité.

O Christ, cette vive lumière
Que nous cachait ton corps mortel,
Sur lui s'épanche tout entière :
Et nous voyons le Dieu du ciel.

Après un éclat de tonnerre,
Du sein d'un nuage enflammé,
Nous entendons la voix du Père
T'appeler son fils bien-aimé

« Voilà votre docteur suprême,
Ecoutez-le d'un cœur soumis. »
Silence, mortels! c'est Dieu même
Dont la voix instruit nos esprits.

Au Père dont la voix t'appelle
Son Fils chéri, gloire sans fin!
A toi-même gloire éternelle!
Et gloire à votre Esprit divin!

POUR LA FÊTE DE L'ASSOMPTION

###

O vos, œtherei, etc.

AIR : *Quel feu s'allume dans mon cœur ?* S.-S., N.º 10.

Applaudissez, Anges des cieux :
Après un doux sommeil, Marie
S'éveille, et son fils glorieux
Ravit cette mère chérie
Dans son palais délicieux.
  * Triomphe, ô tendre mère !
Mais songe à tes enfants, demeurés sur la terre.

Vierge mère, ô ! de quel retour,
O ! de quel brillant diadème
Ton fils couronne ton amour !
De chair tu le vêtis ; lui-même
Te revêt de gloire à son tour. *

Si d'un corps tu voilas ses traits,
Si ton lait nourrit son enfance,
Lui te dévoile ses attraits,
Et de sa bienheureuse essence
Te nourrit, t'enivre à jamais. *

Ciel! quel beau pouvoir t'est remis!
Par toi dans nous coule la grâce;
Tu vois les célestes Esprits
S'incliner tous devant ta face :
Tu ne le cèdes qu'à ton fils. *

Ah! d'auprès de ce fils divin,
Daigne écouter notre prière :
Fléchis le juge souverain;
N'es-tu pas aussi notre mère?
Conduis-nous au ciel de ta main. *

Béni le Père qui voulut
Que son fils naquit sur la terre!
Et le Fils, auteur du salut,
Dont une vierge fut la mère!
Et l'Esprit dont elle conçut!
  Triomphe, ô tendre mère!
Mais songe à tes enfants, demeurés sur la terre.

POUR
LA FÊTE DE SAINT-LOUIS,
ROI DE FRANCE.

(Les Hymnes de Matines et de Vêpres sont réunies dans cette traduction.)

Rex summe Regum, etc.

Air : *Rolland, près de quitter la vie.* M. N., N.° 9.

Roi des rois, majesté suprême,
Dont le bon plaisir souverain
Seul met aux rois le sceptre en main,
Comme il fit les royaumes même :
Pendant que l'encens fume en tes sacrés parvis,
Entends nos chants d'amour en l'honneur de Louis.

Il naît sur les marches du trône;
Encore enfant, de ses aïeux
Déjà son destin glorieux
Sur son front pose la couronne;
Et d'un cœur toujours pur, fruit du soin maternel,
Avant de gouverner, il sert le Roi du ciel.

Fervent ami de la justice,
Il en fait retentir la voix,
Et de ses peuples par ses lois
Forme les peuples et les police.
Au dehors l'ennemi redoute sa valeur,
Et parmi ses sujets, sa garde c'est leur cœur.

Pour eux du Très-Haut qu'il implore
Sa foi vive obtient la faveur,
Et pour les autels du Seigneur
Un zèle brûlant le dévore :
Il élève à son nom des temples somptueux,
Et de pieux abris dote les malheureux.

Pour venger le sang et l'outrage
De ses frères persécutés,
Bientôt ses drapeaux redoutés
Flottent sur un fatal rivage.
Combattre l'infidèle, et mourir pour son Dieu,
Tel est de ce grand cœur l'unique et noble vœu.

Louis, ta mort est ta victoire :
Pendant que des lauriers sacrés
Couvrent tes restes révérés,
Le ciel même t'ouvre sa gloire :
Et, pour te couronner, ses astres s'inclinant,
Auprès du Roi des rois tu montes triomphant.

Ta cendre à ton pays rendue
Protége ton royaume heureux,
Et ta sainte âme dans les cieux,
D'un royal souvenir émue,
A l'aspect de ces lis dont se nourrit l'Agneau,
Lui recommande encor ton antique drapeau.

Ah! recommande à sa tendresse
L'unique et si cher Rejeton
En qui doit, comme ta maison,
Refleurir ta haute sagesse.
Qu'à Dieu cher comme à nous, l'Enfant miraculeux
Soit un autre Louis sur la terre et dans les cieux!

Trinité Sainte, unique essence,
Père, Fils, Esprit de tous deux,
Que tout sur terre et dans les cieux
Ensemble adore la puissance,
Qui, commune à vous trois, et parfaite unité,
Règne sur tous les temps et sur l'éternité!

Pour la Fête
DE L'IMMACULÉE CONCEPTION
De la B. V. Marie, et celle de sa Nativité

Unus bonorum, etc.

Air : Mère de Dieu, etc. S.-S., N.º 112.

De tous les biens source unique, infinie,
Dieu ! quels trésors découlent de ton sein !
Quels riches dons sur l'heureuse Marie
Daigne verser ta libérale main !
 * Mère bénie
  Du Dieu sauveur,
  Tendre Marie,
O ! quel est ton bonheur !

Comme une rose au milieu des épines
Naît, en bravant les pointes du buisson,
Tel pour son cœur fort des saveurs divines,
Le fruit fatal perd son mortel poison. *

Au haut des cieux les vierges glorieuses
Avec respect suivent de loin ses pas :
Elle est leur Reine, elles sont bienheureuses
De contempler ses ravissants appas. *

C'est peu, Marie éclipse l'Ange même.
L'Ange est debout près du Dieu souverain;
Toi, Vierge mère, ô titre, ô rang suprême !
Ce Dieu très-haut est porté dans ton sein. *

Reine du monde, ô Vierge tutélaire,
Pour nous, pécheurs gémissants et confus,
Demande grâce à ton fils : une mère
Ne peut jamais essuyer un refus. *

Trinité Sainte, à jamais sois bénie !
Dieu, qui touché de notre long malheur,
Donnes au monde, en sa mère chérie,
Le gage heureux d'un prochain rédempteur.
  Mère bénie
  Du Dieu sauveur,
  Tendre Marie,
O ! quel est ton bonheur !

Pour la Fête
de
L'EXALTATION DE LA SAINTE CROIX.

Crux alma, salve, etc.

AIR : *Au sang qu'un Dieu va répandre.* S.-S., N.° 23.

Croix sainte, croix adorée,
Toi que Jésus mon Sauveur
A de son sang enivrée,
O! quel est donc ton bonheur!
Tu vois sa douleur amère,
Et, dans ses derniers instants,
Les derniers mots qu'il profère,
Heureux bois, tu les entends.

Salut, ô chaire sublime,
D'où Jésus nous instruit tous;
Autel où le Dieu victime
Meurt et satisfait pour nous;
Lit où nous prenons naissance;

Char triomphal de l'amour ;
Tribunal dont la sentence
Doit juger le monde un jour.

O fête douce et touchante,
Tu n'étales point aux yeux
La pompe morne et sanglante
De ces vainqueurs orgueilleux,
Qui traînaient chargés de chaînes
Les rois, les peuples domptés ;
Dans tes pompes tu n'entraînes
Que des captifs rachetés.

O ciel ! quel gage ineffable
Du rachat du genre humain !
Voyez ! la croix charitable
Fume encor du sang divin.
Livrez-vous à l'espérance,
O mortels ! ce bois sanglant
Est l'infaillible assurance
De la paix qu'un Dieu vous rend.

Croix, du ciel route assurée,
C'est toi qui de l'Eternel
Guides la marche sacrée
Vers le trône paternel.
Chrétiens, quoi qu'il nous en coûte,

Courons, volons sur ses pas ;
Lorsqu'un Dieu suit cette route,
Serions-nous plus délicats ?

Douce croix, je veux te suivre ;
Jésus, je marche après toi.
Avec toi mourir et vivre,
C'est mon vœu ; mais soutiens-moi :
Soutiens toujours par ta grâce
Mon courage et ma vigueur,
Et j'arrive sur ta trace
Jusqu'au céleste bonheur.

 Pour

LA FÊTE DU SAINT-ROSAIRE.

Ave, maris Stella, etc.

Air nouveau. M. N., N.° 10.

Salut, douce Étoile des mers,
O d'un Dieu mère généreuse,
Mère et vierge, clef bienheureuse
Par qui les cieux nous sont ouverts.

CHOEUR.

Montre-nous ton pouvoir de mère :
Fais que nos vœux soient accueillis
Du Dieu qui, pour sauver la terre,
A supporté d'être ton fils.

Reçois ce salut qu'à genoux
Nous t'adressons avec l'Archange.
Rends-nous la paix du Ciel, et venge
Le nom d'Eve, en nous sauvant tous.

De nos péchés romps les liens,
De notre nuit soit la lumière ;
Que tous nos maux à la prière
Soient remplacés par tous les biens.

Montre ton crédit maternel :
Fais accueillir notre prière
Du Dieu qui, pour sauver la terre,
De toi daigna naître mortel.

O Vierge unique en pureté,
Cœur en douceur incomparable,
Verse en nous le don admirable
De douceur et de chasteté.

De tout péché garde nos jours,
De tout péril notre voyage.
Qu'avec toi notre doux partage
Soit de voir Jésus pour toujours.

CHOEUR.

Montre-nous ton pouvoir de mère :
Fais que nos vœux soient accueillis
Du Dieu qui, pour sauver la terre,
A supporté d'être ton fils.

Pour la Fête

DE LA DÉDICACE DES ÉGLISES.

Ecce sedes hic Tonantis, etc.

AIR : *O prodige d'amour !* S.-S., N.° 50.

C'est ici la maison du Monarque du ciel ;
C'est son temple. Lui-même est le prêtre et l'hostie.
C'est ici qu'à nos yeux chaque jour l'Immortel
Meurt pour nous, et sa mort nous procure la vie.
* O Dieu du ciel, pour tant d'amour,
Nos cœurs sont à toi sans retour.

O merveilleux séjour, d'un Dieu même habité!
Celui que ne contient ni le ciel ni la terre,
Le Très-Haut, l'Etre grand, immense, illimité,
Dans cette étroite enceinte habite et se resserre! *

C'est ici qu'aux cœurs purs ce Dieu d'amour s'unit :
Ici du doux Jésus s'épanche la tendresse.
C'est un père au milieu des enfants qu'il chérit,
Qui se fait un bonheur d'être avec eux sans cesse. *

Loin d'ici les impurs! Que nul audacieux
N'approche de l'autel, sans laver sa souillure.
Ici la verge en main, l'ange mystérieux
Surveille le perfide, et punit l'âme impure.
 O Dieu d'amour, pour le pécheur
 Grâce! grâce! change son cœur.

Gloire à toi, Père Saint! Gloire à toi, divin Fils,
En qui le Père vit, habite et se contemple!
Gloire à toi, nœud vivant, qui tous deux les unis :
Amour, qui dans nos cœurs daignes te faire un temple!
 O Dieu du ciel, pour tant d'amour,
 Nos cœurs sont à toi sans retour.

Pour la Fête
DE TOUS LES SAINTS.

PROSE DE LA MESSE.

Sponsa Christi, quæ per orbem etc.

Air: *Enfin le cours des temps s'achève.* M. N., N.° 1, ou 5.

O du Christ Epouse fidèle,
Qui milites dans ces bas lieux,
Chante, et dis la gloire immortelle
Qui ceint tes enfants dans les cieux.

Fête de tous les Saints ensemble,
Que ce jour soit un jour joyeux;
Et que la Terre au Ciel ressemble
Par ses concerts mélodieux.

Ouvrant la marche triomphale,
Brille avant tous, près de Jésus,

La Vierge mère, sans rivale
Parmi la foule des élus.

Après elle les chœurs des Anges,
Esprits serviteurs du grand Roi,
Suivent, répétant les louanges
Du Dieu qui tient tout sous sa loi.

Des Patriarches, des Prophètes,
Jean, qu'illumine un trait de feu,
Domine les antiques têtes,
Et montre encor l'Agneau de Dieu.

Assis sur des trônes sublimes,
Les Apôtres, sénat divin,
Pèsent les vertus et les crimes,
Et jugent tout le genre humain.

De leur sang la robe rougie,
Des Martyrs l'innombrable essaim
Par la mort ont conquis la vie,
Et goûtent une paix sans fin.

Saints Pontifes, sacrés Lévites,
Du Christ confesseurs généreux,
Pour les biens qu'ici vous perdîtes,
Vous avez les trésors des cieux.

Vierges à l'Agneau consacrées,
L'Epoux que charment vos appas,
De lis et de roses parées,
Veut vous voir partout sur ses pas.

Tous, pleins d'une immortelle ivresse,
En chœurs bénissent l'Eternel ;
Tous à l'envi disent sans cesse :
Saint, saint, saint est le Roi du ciel !

Saints du ciel, troupe fortunée,
Dont Dieu même fait le bonheur,
Protégez notre destinée,
En priant pour nous le Seigneur.

Puisez dans la source infinie,
Et versez la grâce en nos cœurs.
Que vos frères, durant leur vie,
De la paix goûtent les douceurs.

Que dans la paix au Roi suprême
Comme vous saintement soumis,
Un jour nous soyons tous de même
Avec vous dans sa gloire admis !

A Vêpres.

Cœlos quos eadem etc.

Air : *Quelle est cette aurore nouvelle ?* S.-S., N.º 20.

O vous tous qu'une même gloire
Couronne au céleste séjour,
La fête de votre victoire
N'est ici-bas qu'un même jour.
Nos voix, nos transports unanimes
N'ont qu'un chant, ô divins soldats,
Pour toutes vos palmes sublimes,
Prix de vos généreux combats.

L'amour est votre subsistance ;
Pleins de la claire vérité,
A longs traits dans sa source immense
Vous buvez la félicité.
Là, d'une soif toujours nouvelle
Eteignant sans cesse l'ardeur,
D'une ivresse perpétuelle
En Dieu vous goûtez la douceur.

Dans son sein, comme au fond d'un temple,
Le Dieu Très-Haut vit recueilli,
Et de sa gloire qu'il contemple
Se fait un bonheur infini.
De là, prodigue de lui-même,
Il s'épanche en ceux qu'il chérit,
Et de son essence suprême
Et les pénètre et les remplit.

Au milieu de l'autel où siége
Des cieux le maître souverain,
De l'agneau plus blanc que la neige
Fume encore le sang divin.
La victime qui sur la terre
Une fois a voulu mourir,
Au ciel, sans cesse à Dieu son père
Continue encore à s'offrir.

Des vieillards la troupe sacrée
Le front à ses pieds prosterné,
S'offre avec l'hostie adorée
Au Dieu d'éclairs environné;
Et déposant près de son trône
Leur diadème étincelant,
Ils chantent la main qui couronne
Ses bienfaits, en les couronnant.

(87)

Mille peuples, foule infinie,
Parés du brillant vêtement
Que l'agneau qui se sacrifie
A blanchi dans son propre sang,
Le front rayonnant d'allégresse,
Et ceint du rameau glorieux,
A l'envi répètent sans cesse :
Saint, saint, saint est le Roi des cieux!

Gloire, amour, louange éternelle
Au Père, au Fils, au Saint-Esprit !
Louange au Dieu qui se révèle
Aux amis qu'au ciel il ravit :
Au Dieu dont l'amoureuse essence,
Selon leurs diverses vertus,
Se communique en récompense
Tout entière à tous ses élus!

A la Procession.

Hymnis dùm resonat etc.

AIR : *Que je me plais dans ton enceinte!* S.-S., N.º 13.

Pendant que du chant d'allégresse
L'Olympe retentit sans fin,

Dans cet exil pleurer sans cesse,
Tel est à nous notre destin.
Point de chants : nos lyres poudreuses
Partagent nos tristes langueurs,
Et leurs cordes silencieuses
Sèchent, hélas ! comme nos cœurs.

Quand est-ce que notre âme heureuse,
Quittant sa prison et ses pleurs,
Ira, compagne harmonieuse,
Se mêler à vos divins chœurs ?
Quand est-ce à cette nuit funeste
Qu'enfin succédera le jour,
Et que la lumière céleste
Sera notre brillant séjour ?

Alors ces obscures images
Qui se forment dans nos esprits,
S'enfuiront comme ces nuages
Par la vapeur des airs produits.
De près, dans la splendeur suprême
De l'essentielle clarté,
Sans voile, et dans sa source même,
Nos yeux verront la vérité.

Saints du ciel, troupe fortunée,
Soyez sensibles à nos maux ;

Vous voyez notre destinée
Livrée à la guerre des flots.
Priez que la tempête horrible
Ne nous plonge pas dans la mort,
Que Jésus, pilote invisible,
Nous guide heureusement au port.

Que tout adore ta puissance,
Père saint, notre créateur !
Que tout bénisse ta clémence
Fils divin, notre rédempteur !
Au Saint-Esprit, flamme immortelle
Qui nous épure en ses doux feux,
Gloire, amour, louange éternelle
Et sur la terre et dans les cieux !

POUR

LA FÊTE DES SAINTES RELIQUES.

O vos, unanimes etc.

AIR : *Les méchants m'ont vanté* etc. S.-S., N.° 100, ou M. N., N.° 16.

Fêtons en ce beau jour les dépouilles des Justes :
Venez, leurs sépulcres augustes,

Chrétiens, sous vos yeux sont ouverts.
Les Justes ont été vos pères;
Offrez à leurs reliques chères
Vos respects, vos joyeux concerts.

A leurs âmes au ciel, pour leur sainte victoire,
Lorsque Dieu prodigue et sa gloire
Et son ineffable bonheur,
A leurs membres qui partagèrent
Les maux divers qu'ils endurèrent
La terre rend un juste honneur.

Le Dieu, gardien des Saints, fidèle à sa promesse,
Rassemble comme une richesse
Leurs os, leurs précieux débris.
Ce sont là les pierres d'élite
Dont tu seras un jour construite,
Noble cité du Paradis.

Et cependant déjà le Dieu prêtre et victime
Veut que leur relique sublime
Soit elle-même son autel.
A ses membres ce chef suprême
S'unit, et les offre lui-même
Avec lui-même à l'Eternel.

O vous, lorsqu'entourant vos cendres tutélaires,
    Nous y répandons nos prières,
    Et baisons vos sacrés tombeaux,
    Bienheureux, touchés de nos plaintes,
    Par vos intercessions saintes
    Délivrez-nous de tous nos maux.

Qu'avec vos corps un jour, sortant de leur poussière,
    Nos corps montent dans la lumière
    Se mêler aux chœurs des Esprits !
    Comme eux, substance incorruptible,
    Que de ton être indivisible,
    O Trinité, tous soient remplis !

Psaumes.

Psaume XI.

Salvum me fac, Domine, quoniam defecit sanctus, etc.

Sur le dépérissement de la vérité et le progrès des doctrines de mensonge.

AIR : *Grâce, grâce,* etc. S.-S., N.° 56, ou M. N., N.° 26.

Sauve-moi, Dieu puissant ! tu vois que de la terre,
Encore un peu, les saints auront tous disparu.
Partout la vérité se renie ou s'altère,
Et du langage humain l'organe est corrompu.

De chaque homme la bouche au mensonge livrée
Ne se plaît qu'à séduire ou tromper le prochain :
D'erreurs chères au cœur l'oreille est enivrée,
Et l'imposture en paix propage son venin.

O jour, terrible jour ! où le maître suprême
Qui ne fit les mortels que pour la vérité,
Foudroîra toute langue, organe de blasphême,
Toute bouche où l'orgueil parla l'iniquité.

Le violent orgueil crie avec insolence :
« Qu'on nous laisse donner à nos langues l'essor;
Nos langues sont à nous; quelle est donc la puissance
Qui peut nous empêcher d'exploiter ce trésor ? »

Pour venger l'humble cœur qu'afflige leur licence,
« Dans peu, dit le Très-Haut, je viens à son secours.
Mes Fidèles verront, sauvés par ma présence,
S'ils eurent tort de croire à mes sacrés discours. »

Parole du Très-Haut, parole sûre et sainte !
Argent fin au creuset par sept fois épuré.
Le souffle du Seigneur en a banni la feinte,
Aussi loin que l'enfer est du ciel séparé.

Sauve, sauve, Seigneur, tes serviteurs fidèles !
De la race perverse un langage empesté

Garde-les à couvert à l'ombre de tes ailes,
Et conserve en leurs cœurs ta sainte vérité.

Sous nos yeux chaque jour s'accroît la foule impie ;
Mais contre ta parole ils seront impuissants :
Tu sais ce que tu fais, en dispensant la vie,
Et laissant se grossir le nombre des méchants.

Psaume I.

Beatus vir qui non abiit in consilio impiorum etc.

Bonheur de ceux qui s'attachent à la parole du Seigneur.

Air : *Le temps s'échappe comme un songe.* S.-S., N.° 14.

Heureux celui qui de l'impie,
Seigneur, fuit la société !
De poisons sa bouche est remplie,
Et son discours est empesté.
L'impie, ô Jésus, te blasphême !
Il blasphême son Rédempteur !
Plus il t'outrage, ah ! plus je t'aime,
O mon père, mon doux Sauveur !

Heureux qui chérit ta parole,
Et la médite nuit et jour !

Elle l'éclaire, le console,
L'enivre de ton saint amour. *

C'est l'arbre près d'une onde pure,
Dont les rameaux toujours fleuris,
Sous une éternelle verdure,
Portent toujours de nouveaux fruits. *

Fruits divins, palmes éternelles :
Triomphe à jamais glorieux !
Justes, vos œuvres immortelles
Entrent avec vous dans les cieux. *

Tel n'est point le sort de l'impie :
Comme la poussière emporte,
Lui-même au vent livre sa vie,
Il la perd pour l'éternité. *

Parmi ceux que Dieu récompense
Il ne peut pas ressusciter ;
Devant la divine balance
Il n'oserait se présenter. *

Qu'a-t-il fait ? Dieu, pendant leur vie,
Des justes compte et suit les pas !
Mais la route où marche l'impie,
Le Seigneur ne la connaît pas. *

Que dis-je? il connait tous ses crimes :
Sa parole doit le juger,
Et dans les éternels abîmes
Bientôt son bras va le plonger.
L'impie, ô Jésus, te blasphème!
L'insensé brave un Dieu vengeur!
O Jésus, ô bonté suprême,
Eclaire et convertis son cœur!

Psaume L.

Miserere mei, Deus, etc.

Le Pécheur implore la miséricorde divine.

Air : *Solitaire témoin*, etc. S.-S., N.º 103.

Au Seigneur! ah Seigneur! prends pitié de mon âme!
Seigneur, que ton amour, tout l'amour de ton cœur
   Te fléchisse pour un pécheur.
   Cœur de mon Dieu, je te réclame!
Oui que de ton amour toute l'immensité
   Sur mon péché se répande, et l'efface;
   De ton amour que mon iniquité,
   Seigneur! Seigneur! obtienne pleine grâce.

Daigne de plus en plus laver ma tache impure,
Seigneur, de plus en plus efface mon péché;
   A mes yeux loin qu'il soit caché,
   Mes yeux ne voient que sa souillure.
Ah! c'est le Très-Haut seul dont j'outrageai la loi:
   C'est le Très-Haut qu'irrita mon offense;
   De ton courroux daigne faire pour moi,
   Seigneur! Seigneur! triompher ta clémence.

Tu connais mon limon, et tu sais que ma mère,
Hélas! lorsque son fils fut conçu dans son sein,
   Lui transmit le fatal venin
   Dont Ève est la source première.
Mais ton amour promit de guérir nos malheurs,
   Et ta parole est constamment fidèle.
   Pour mes péchés, de tes décrets sauveurs
   J'implore, ô Dieu! la clémence éternelle.

De l'hysope trempée en un sang que j'adore
O! si l'heureuse pluie arrivait à mon cœur!
   La neige a bien de la blancheur,
   Mais plus blanc je serais encore.
Ah! j'attends un seul mot, c'est le mot de pardon:
   Tu le diras, ô Dieu plein de tendresse,
   Et tous mes os brisés d'affliction
   Tressailliront de vie et d'allégresse.

De mes iniquités ah! détourne ta face,
Efface mon péché, répare mon erreur;
  Dans mon sein crée un nouveau cœur,
  Verses-y les dons de ta grâce.
Qu'un esprit pur m'anime et garde tous mes sens,
 Puis souffre encor que dans ton sanctuaire
 J'aille t'offrir le tribut de mes chants,
 Et mes soupirs et mon humble prière.

Père saint, du salut rends-moi l'auguste gage:
Rends-moi ton *Fils*, ma joie et mon pain merveilleux.
  Que ton *Saint-Esprit* par ses feux
  Vienne confirmer mon courage.
Je publîrai ton nom, Dieu bon, et le pécheur
 Se tournera vers toi fondant en larmes;
 Moi, dans la paix et l'ivresse du cœur,
 De ta douceur j'exalterai les charmes.

Commande; que veux-tu? Qu'exige ta justice?
Faut-il mon sang, ma mort Seigneur, me voici prêt.
  Le sang n'est point ce qui te plaît;
  Du cœur tu veux le sacrifice.
Un cœur humble et contrit serait-il méprisé?
 Ah! c'est ce cœur qui ravit ta clémence:
 Sur le mien donc par la douleur brisé
 De ton amour épanche l'abondance.

Qu'il redevienne encor ton vivant sanctuaire :
Répands-y ta vertu, ta charité, ta paix ;
 Alors pour tes divins bienfaits
 Il te bénira, tendre père :
Alors sur son autel de mes vœux nuit et jour
 Je t'offrirai l'holocauste agréable ;
 Et l'encens pur d'un éternel amour
 S'élèvera vers ton trône adorable.

Psaume CXXIX.

De profundis clamavi ad te, Domine, etc.

Le pécheur demande pardon à Dieu, et se confie en sa miséricorde.

AIR : *J'ai péché dès mon enfance.* S.-S., N.º 56.

De ma profonde misère,
Seigneur, je m'écrie à toi !
Daigne écouter ma prière,
Seigneur, et console-moi.

Si tu comptes mes offenses,
Dieu ! que vais-je devenir ?
Le coup-d'œil de tes vengeances,
Dieu ! qui peut le soutenir ?

Ah! ta clémence propice,
Seigneur, vient me rassurer.
Voudras-tu que je périsse,
Quand tu m'as dit d'espérer?

Oui, Seigneur, en toi j'espère
De l'aurore jusqu'au soir;
La nuit cet espoir m'éclaire;
Ma vie entière est espoir.

Faut-il t'acquitter ma dette?
Mon paîment est dans ton sein :
Puise au trésor qui rachète
Les péchés du genre humain.

En ton sein ton fils réside,
Et pour moi ce fils est mort.
Consulte-le, puis décide;
Je ne crains plus pour mon sort.

Psaume VI.

Domine, ne in furore tuo arguas me etc.

Le pécheur demande son pardon avec une nouvelle ferveur, en exposant au Seigneur les remords et la douleur dont il est accablé.

Air : *Comment goûter quelques repos ?* S.-S., N.° 37.

En miséricorde, Seigneur,
  Convertis pour moi ta colère,

Regarde ma tristesse amère,
Et prends pitié de mon malheur.
Le remords cruel me tourmente,
L'affliction brise mes os ;
Que ton cœur sensible à mes maux
Sauve mon âme défaillante.

Le trouble habite dans mon sein,
Un mortel effroi me dévore ;
Depuis si long-temps je t'implore,
Seigneur, et je t'implore en vain !
Enfin tourne vers moi ta face,
N'es-tu plus le Dieu du pardon ?
Pour la gloire de ton saint nom,
Enfin daigne me faire grâce.

Celui que tu laisses mourir
Sans avoir pardonné son crime,
Au milieu des feux de l'abîme,
De toi ne peut se souvenir.
N'aurais-tu donc qu'indifférence,
Dieu Très-Haut, pour ton propre honneur ?
Et peux-tu dédaigner un cœur
Qui voudrait bénir ta clémence ?

Mes jours sont un faix de douleurs,
Je ne vis qu'au sein des alarmes,

Mes nuits se passent dans les larmes,
Mon lit est noyé de mes pleurs.
Mon œil s'éteint dans la souffrance,
Par ses pleurs brûlants consumé;
Et de moi l'enfer affamé
En espoir m'engloutit d'avance.

L'enfer!..... Non, non, retire-toi,
Fuis de moi, prince de l'abîme;
Je ne serai pas ta victime,
Le Seigneur a pitié de moi.
Mes pleurs ont désarmé mon juge,
De mes cris son cœur est touché;
Il me pardonne mon péché,
Et dans ses bras m'ouvre un refuge.

Ah! comme en son sein généreux
Mon âme avec transport s'élance !
Et, désormais en assurance,
Rit de ta rage et de tes feux.
Rougis de ta vaine furie;
Moi, sur la terre et dans le ciel,
Je bénirai de l'Eternel
La miséricorde infinie.

Psaume CII.

Benedic, anima mea, Domino, etc.

Le pécheur remercie le Seigneur de lui avoir accordé son pardon.

AIR : *Bénissons à jamais.* M. N., N.º 11.

GLOIRE au Dieu dont le cœur
Est si bon pour le pécheur !

Bénis ton Dieu, mon âme,
Mon cœur bénis son nom :
Dis combien il est bon,
Quel tendre amour l'enflamme.

Mon âme, à Dieu rends gloire,
Et de tous ses bienfaits
Ne perds jamais, jamais,
La touchante mémoire.

C'est lui qui te délie
De tes iniquités ;
De tes infirmités
C'est lui qui t'a guérie.

Il a tiré ta vie
Du gouffre de la mort,
Et protége ton sort
De sa grâce infinie. *

De ses dons la richesse
Comble et passe tes vœux;
Comme à l'aigle des cieux
Il te rend ta jeunesse. *

C'est ainsi qu'à ton aide
Le Seigneur vient, pécheur,
Et délivre ton cœur
Du tyran qui l'obsède. *

En Jésus sa clémence
Vint à nous sous nos traits.
Chrétien, toi seul connais
D'un Dieu l'amour immense. *

O bon et tendre père!
L'indulgence est son nom;
Il est prompt au pardon,
Et lent à la colère. *

Encore sa vengeance
Ne dure qu'un moment,

Et, tout en nous blessant,
De sa main il nous panse. *

O vengeance légère,
Après tant de forfaits !
Auprès de nos excès
Que faible est sa colère ! *

Telle qu'est la distance
De terre au firmament,
Telle sur nous s'étend
Son indulgence immense. *

Comme un bon père accorde
La grâce à son enfant,
Au pécheur repentant
Dieu fait miséricorde. *

Il sait bien la matière
Dont sa main nous forma :
Jamais il n'oubliera.
Que nous sommes poussière. *

L'homme ! eh ! mon Dieu ! sa vie
Semble l'herbe des champs,
Qui fleurit peu d'instants,
Puis tombe et meurt flétrie. *

Un souffle sur lui passe,
Il tombe et disparaît :
Au lieu qu'il occupait
L'œil cherche en vain sa trace. *

Mais l'éternité même
Voit naître la bonté
Du Dieu de charité
Qui pour toujours nous aime. *

Ah! qu'en nos cœurs empreinte
Sa loi règne toujours;
Suivons sans nuls détours
Sa route droite et sainte. *

C'est au ciel qu'est son trône,
Son trône, protecteur
Du mortel dont le cœur
Tout à son Dieu se donne. *

O! si toute la terre,
Seigneur, te connaissait!
Tout cœur te bénirait,
Aimable et tendre père. *

Du moins, Anges fidèles,
Vous ses prompts serviteurs,

Célébrez dans vos chœurs
Ses grandeurs éternelles. *

Publiez sa puissance,
OEuvres du créateur;
Mais toi surtout, mon cœur,
Toi bénis sa clémence.

Gloire au Dieu dont le cœur
Est si bon pour le pécheur!

Psaume CX.

Confitebor tibi, Domine, in toto corde meo, etc.

Reconnaissance des bienfaits présents; espérance des biens futurs.

Air : *Nous te louons, Seigneur*, etc. M. N., N.° 12.

Je te loûrai, Seigneur, au milieu des Fidèles:
Mon cœur exaltera tes grandeurs immortelles,
Au milieu de tes fils couverts de tes bienfaits,
De tes fils dont l'amour te bénit à jamais.

Mais, Seigneur, que dirai-je? Ah! pour te rendre hommage,
Ma bouche empruntera ton suprême langage,

Et ma voix, avec toi, Seigneur, t'applaudissant,
Dira : « Ce que tu fais est bon, est excellent. »

Oui l'œuvre du Seigneur est grande et juste et sainte.
Elle est de sa splendeur le reflet et l'empreinte,
L'heureuse expression de son amour divin.
Que la terre et les cieux le bénissent sans fin !

Mais de tous ses bienfaits dans un bienfait unique
Son amour resserrant l'ensemble magnifique,
D'un céleste aliment daigne nous faire don :
O ! que ton pain, Seigneur, ô ! que ton pain est bon !

Le Seigneur gardera la mémoire éternelle
De ses serments jurés à son peuple fidèle.
De ses œuvres leurs cœurs connaîtront la vertu,
Et leur espoir jamais ne sera confondu.

Sur la terre déjà ses biens sont leur partage,
Mais Dieu lui-même au ciel sera leur héritage.
Il sait ce qu'il a dit, et de ses dons divins
La sagesse et l'amour sont les garants certains.

Ah ! lorsque de son sang ce Dieu plein de tendresse
A racheté notre âme et scellé sa promesse,
Croyons que ses bienfaits, son immense bonté,
Pour leur digne durée auront l'éternité.

O Dieu saint et terrible, heureux qui te révère !
Heureux qui comprend bien le bonheur de te plaire!
Après t'avoir servi dans ces terrestres lieux,
Il te loûra sans fin dans la gloire des cieux.

Psaume CXV.

Credidi; propter quod locutus sum, etc.

La Sainte Communion, seule vraie et digne action de grâces.

AIR : *Fortunés habitants des cieux.* S.-S., N.° 58.

Je le proclame hautement :
En Dieu j'ai mis ma confiance ;
Dans mon profond abattement,
Sa parole est mon espérance.
Que serais-je sans son appui ?
L'homme trompeur nous abandonne ;
Dans l'univers il n'est que lui
Qui n'ait jamais trompé personne.

Ah ! que te rendrai-je, Seigneur,
Pour tes soins toujours secourables,
Et tous les bienfaits que ton cœur
Répand sur mes jours misérables ?
Toi-même (de l'amour divin

O trésor, ô largesse immense!)
Daignes encor me mettre en main
Mon gage de reconnaissance.

De la tienne avec tremblement
Je prends le calice admirable,
Seigneur, qui de ton propre sang
Contient la substance adorable;
Puis, l'âme et le cœur tout en feu,
Je t'offre le don que j'adore,
Et je bénis le nom du Dieu
Qui sauve l'âme qui l'implore.

Mais pour te bien louer, je dois
Consommer l'offrande sacrée :
Ton sang m'est livré, je le bois,
Soudain mon âme est énivrée.
Alors d'un accent surhumain,
D'une bouche où tu vis toi-même,
J'entonne un hymne digne enfin
De ta divinité suprême.

Les peuples entendront mes chants
Retentir dans ton sanctuaire,
Et tous à mes pieux accents
Joindront leur fervente prière.

Ainsi, Seigneur, à te servir
Celui qui consacre sa vie,
C'en est fait, ne peut plus périr;
Ton tendre amour le vivifie.

Ah! Seigneur, je te servirai
Jusqu'au terme de ma carrière,
Jusqu'à la fin je bénirai
Ton joug et ton nom tutélaire.
A bénir ce nom protecteur
Ma mère forma mon enfance;
Sur ta servante aussi, Seigneur,
Fait briller ta douce clémence.

Puisse avant moi la recevoir
De Sion la céleste enceinte,
Et bientôt son fils l'y revoir
Au haut de la montagne sainte!
A ton ineffable bonté
Là nous pourrons, avec tes Anges,
Durant toute l'éternité,
Chanter d'éternelles louanges.

Psaume XII.

Usquequò, Domine, oblivisceris me in finem ? etc.

L'âme éprouvée par des délaissements, se plaint affectueusement au Seigneur, et le conjure de lui rendre les consolations de sa grâce.

AIR : *Comment goûter quelque repos.* S.-S., N.º 37.

Seigneur, est-ce donc pour toujours
Que ton amour ainsi m'oublie ?
Pour toujours à ma triste vie
As-tu retiré ton secours ?
Est-ce pour toujours que ta face,
Seigneur, se détourne de moi ?
N'obtiendrai-je jamais de toi
Les tendres retours de ta grâce ?

Jusques à quand de mes pensers
Devrai-je invoquer la prudence ?
Ah ! quelle humaine prévoyance
Peut suffire à tant de dangers ?
Sans fin de nouvelles alarmes
Accourent éprouver mon cœur,
Et jour et nuit ton serviteur
Ne sait que répandre des larmes.

Jusques à quand mon ennemi
Jouira-t-il de ma détresse ?
Plus il me voit dans la tristesse,
Plus il triomphe enorgueilli.
Seigneur, accueille ma prière ;
Seigneur, mon Dieu, du haut des cieux
Daigne sur moi jeter les yeux,
Et guérir ma douleur amère.

Eclaire mes yeux et mes pas,
De tout piége sauve ma vie :
Que jamais mon âme assoupie
Ne s'endorme au sein du trépas.
Empêche l'ennemi de dire :
« Je l'ai donc enfin terrassé ;
Malgré son Dieu, je l'ai percé,
Et sous mes coups sa vie expire. »

Ceux qui te blasphèment, Seigneur,
Ceux qui me reprochent mon zèle,
Pleins d'une allégresse cruelle,
Insulteraient à mon malheur :
« Voyez cet homme si docile
Au Dieu qui le chargeait de fers :
Comme un autre, il tombe aux enfers.
Vertus sans fruit ! gêne inutile ! »

Non, Seigneur, non; tu ne peux pas
Trahir ainsi ma confiance.
Tu m'as commandé l'espérance,
Seigneur; tu la couronneras.
Sauvé par ton bras secourable,
Dans ta joie, ô Dieu, j'entrerai,
Et sans fin je glorifirai
Ta miséricorde ineffable.

Psaume CXX.

Levavi oculos meos in montes, etc.

Sentiments d'espérance.

AIR : *Vous qui voyez couler mes larmes.* M. N., N.º 13.

J'ai mis en Dieu mon espérance,
Vers lui toujours j'élève au ciel les yeux :
J'espère un Dieu dont la puissance
A formé la terre et les cieux.

J'espère au Dieu dont la tendresse
Pour mon salut lui fit verser son sang :
Au Dieu qui me couvre sans cesse
De son bras saint et bienveillant.

Il ne veut pas que je chancèle,
Il affermit mon courage et ma foi.
Sans cesse sa droite fidèle
Se complaît à veiller sur moi.

Oui, sur moi, Seigneur, ta main veille :
Pour le salut d'une âme qui te sert
Jamais ton amour ne sommeille,
Et ton œil est toujours ouvert.

Mon âme, ah ! bien plus que toi-même,
Le Seigneur est ton zélé défenseur ;
Ah ! bien plus que toi son cœur t'aime,
Et désire plus ton bonheur.

Pour toi du jour, heureuse terre,
Il amortit le soleil dévorant ;
Et des nuits son souffle tempère
Les vapeurs et le froid piquant.

Ni du péché la fièvre ardente,
Ni mon ingrate et honteuse froideur,
N'ont pu de sa grâce constante
Jusqu'ici dépouiller mon cœur.

Ah ! qu'un mal, un sort si funeste,
Seigneur, Seigneur, ne soit jamais mon sort !

Affreux péché, je te déteste,
J'aime mieux mille fois la mort.

Oui, Dieu d'amour, tranche ma vie,
Mais que toujours ta douce charité
Me remplisse et me vivifie,
Dans le temps et l'éternité!

Psaume CXIV.

Dilexi; quoniam exaudiet Dominus vocem etc.

Bonté de Dieu, motif d'amour et de confiance.

Air : *Pour me gagner etc.* M. N., N.° 14.

J'aime; mon cœur peut-il ne pas chérir
Le Dieu d'amour, le doux et tendre père
Dont la bonté ne cesse d'accueillir
Le cri plaintif de mon humble prière?

Toujours penchant son oreille vers moi,
A le prier sans cesse il me convie.
Toujours, Seigneur, j'aurai recours à toi,
Je te prîrai tous les jours de ma vie.

J'étais hélas! dans la mort du péché,
Déjà l'enfer m'ouvrait son noir abîme :
J'implorai Dieu : Dieu, de mes cris touché,
Sauva mon âme, et pardonna mon crime.

Des maux sans nombre ont visité mon cœur,
Mais en mon Dieu j'ai mis ma confiance :
J'ai prononcé son nom consolateur,
Et son nom seul a guéri ma souffrance.

Ainsi toujours garde ton serviteur,
Achève, ô Dieu, le salut de mon âme.
Ton nom, ton être est la bonté, Seigneur :
C'est ta bonté, grand Dieu, que je réclame.

Si l'affligé, l'humble cœur est celui
Que ton amour protége et vivifie,
O Dieu sauveur, j'ai droit à ton appui ;
Tu sais quel mal m'afflige et m'humilie.

Repose donc, mon âme, dans la paix,
Et ne crains plus de perdre ta victoire ;
Le Dieu qui t'a comblé de ses bienfaits
Consommera son ouvrage et ta gloire.

Dieu sauvera mon âme du trépas,
Et soutenant ma ferveur et mon zèle,

En assurance il conduira mes pas
Jusqu'au séjour de la vie éternelle.

C'est-là, Seigneur, que le Dieu qui m'aima
Quand mes péchés provoquaient sa vengeance,
Sur son élu sans fin épanchera
De son amour l'ineffable abondance.

Psaume XLII.

Judica me, Deus, et discerne causam meam etc.

L'âme affligée par les tentations, cherche son refuge dans la maison de Dieu.

AIR : *Le Dieu que nos soupirs appellent.* S.-S., N.° 11.

Seigneur, mon ennemi me presse ;
Accours, et prends ma cause en main.
Pour me sauver de ma détresse,
Il n'est que ton bras souverain.

J'implore, ô Dieu, ton assistance ;
Ah ! pourrais-tu me délaisser ?
Tromperais-tu mon espérance,
Quand la mort vient me menacer ?

Non : vers ton sacré tabernacle
Je sens ta grâce m'attirer ;
J'y cours, appuyé sur l'oracle
Qui me commande d'espérer.

De ton autel, ô Dieu propice,
J'approche ; et soudain dans mon cœur
Ta présence consolatrice
Répand la joie et la vigueur.

Je te loûrai, Dieu tutélaire :
Ma langue exaltera ton nom ;
Tous les jours dans son sanctuaire
Je loûrai le Dieu de Sion.

Pourquoi tant gémir, ô mon âme ?
Au trouble pourquoi me livrer ?
Espère au Dieu que je réclame,
Il saura bien te délivrer.

Espère en Dieu ; long-temps encore
Tu béniras le Dieu sauveur
Qui de l'affligé qui l'implore
Est l'empressé consolateur.

Psaume LXXXIII.

Quàm dilecta tabernacula tua, Domine virtutum!

Même sujet que le précédent.

Air : *Le voilà le roi des anges.* M. N., N.º 13

Que j'aime tes tabernacles,
Dieu de gloire, Dieu d'amour !
Le plus tendre des miracles
T'y tient fixé nuit et jour.

Ah ! je languis de tristesse,
Je péris loin du saint lieu :
Il me faut être sans cesse
Dans la maison de mon Dieu.

Oui, Dieu vivant, ta présence
Est mon besoin, mon recours,
Mon salut, ma jouissance :
Seule elle nourrit mes jours.

Eh ! la prévoyance brille
Jusqu'en l'oiseau du désert :

Il s'abrite, et sa famille
Sous son aile est à couvert.

Moi tes autels ! Dieu propice,
Mon père, mon doux Sauveur !
Tes autels ! Qu'auprès d'eux puisse
Se refugier mon cœur !

Heureux celui qui demeure
Au pied de l'autel divin !
Qu'il y monte, lorsqu'il pleure,
Ses pleurs coulent dans ton sein.

Que dis-je ? Dans lui Dieu même,
Dans lui descend l'Eternel.
O joie, ô bonheur suprême !
Son cœur est un nouveau Ciel.

Qu'un jour dans ton sanctuaire,
Un seul jour a de douceurs !
A mille ans je le préfère,
S'il les fallait vivre ailleurs.

Je suis mieux, près de ton trône
Sur le pavé rejeté,
Que n'est l'homme qu'on couronne
Au palais d'iniquité.

Là du moins toujours ta grâce
Jusqu'en mon cœur coulera,
Et la gloire de ta face
Sur mon front rejaillira.

Heureux qui passe sa vie,
Seigneur, près de ton autel !
Heureux le cœur qui se fie
En ton oracle éternel !

De tes secrètes délices,
Dieu d'amour, tu le remplis :
Sûr gage, douces prémices
Du bienheureux paradis.

Psaume LXII.

Deus, Deus meus, ad te de luce vigilo etc.

Aspirations du cœur vers la maison de Dieu.

Air : *Vous qui voyez couler mes larmes.* M. N., N.º 13.

Dieu, mon Dieu, vers toi dès l'aurore
Mon cœur s'exhale ; il languit de désir.
Il soupire et soupire encore,
Il a soif : viens le rafraîchir.

De ma couche en ton sanctuaire
Je cours, je vole, emporté par l'amour;
Je veux voir le lieu de prière
Où mon Dieu fixe son séjour.

Je veux voir le saint tabernacle
Qui le renferme, et l'autel où ma foi
Adore le touchant miracle
Du Très-Haut s'immolant pour moi.

Ah! Seigneur, Seigneur, ta tendresse
Vaut mieux pour moi qu'un siècle entier de jours.
Je suis déjà vieux en sagesse,
Si je sais te louer toujours.

Mais pour ton amour ineffable
Puis-je jamais dignement te bénir?
Oui, si ta louange adorable
A la mienne veut bien s'unir.

Ta louange, ô Dieu, c'est toi-même.
Ah! viens en moi par la communion;
Ma langue alors, bonté suprême,
Dignement loûra ton saint nom.

Je loûrai ce nom tutélaire,
Je le loûrai du matin jusqu'au soir.

Il est mon appui salutaire,
Il sera toujours mon espoir.

Toujours sous l'abri de ton aile,
Toujours fixé dans ton sein, Dieu sauveur,
Du péché la flèche mortelle
Ne peut plus atteindre mon cœur.

Satan, ta fureur impuissante
Est refoulée au fond de tes enfers.
Rugis de rage; moi, je chante
Les bienfaits du Dieu que je sers.

Psaume XXII.

Dominus regit me, et nihil mihi deerit etc.

La brebis du bon pasteur lui témoigne sa reconnaissance et sa confiance.

Air : *O mon Jésus*, etc. S.-S., N.° 53.

Le Seigneur est mon pasteur charitable :
Il m'a conduit près du courant des eaux;
Sa grâce en moi de ses plus purs ruisseaux
A fait couler la fraîcheur délectable.

Il a changé, vivifié mon âme,
Vers la justice il a tourné mes pas.
Qu'avais-je fait, que l'offenser hélas!
Mais je dois tout à l'amour qui l'enflamme.

Que tous les maux, que la mort en furie
Fondent sur moi, je serai sans frayeur.
Eh! n'es-tu pas avec moi, bon pasteur?
Auprès de toi, la mort sera la vie.

Ainsi toujours ta houlette amoureuse
En traits d'amour a converti ses coups.
De son pasteur le baiser le plus doux
N'eût pas rendu ta brebis plus heureuse.

Que dis-je? ô ciel! ô ravissant délice!
Tu m'as admis à manger dans ton sein.
Mes ennemis frémissaient, et ta main
A leurs yeux même emplissait mon calice.

O beau calice! ô calice admirable!
Où je buvais ton sang, ton propre sang;
Ta propre chair était mon aliment :
O doux festin! ô bienfait ineffable!

Et je pourrais craindre encor ta colère?
Ah! ta bonté m'est acquise à jamais :

Elle est dans moi, c'est mon bien; désormais
Elle suivra tous mes pas sur la terre.

Puis quand ma course ici sera finie,
Je la verrai s'élancer de mon sein,
Et m'introduire en ton séjour divin,
Pour y puiser une immortelle vie.

Psaume XV.

Conserva me, Domine, quoniam speravi in te etc.

Dieu seul fait la joie du Chrétien dans cette vie comme dans l'autre.

Air : *Fortunés habitants des cieux.* S.-S. N.° 58.

Garde-moi constamment, Seigneur ;
J'ai mis en toi mon espérance :
Dans ton amour, ô Dieu sauveur,
Assure ma persévérance.
Si tu n'as pas besoin de moi,
S'il t'est superflu que je t'aime,
Moi, Seigneur, j'ai besoin de toi ;
Tout mon bonheur n'est qu'en toi-même.

Aux chants des Saints qui dans les cieux
Te bénissent avec tes Anges,
Tu sais quels désirs merveilleux
J'ai d'aller joindre mes louanges.
Infirmes comme moi, Seigneur,
Tu les rendis forts par ta grâce ;
Verse cette grâce en mon cœur,
Et je cours joyeux sur leur trace.

Vous, de la terre vains amis,
Vos banquets n'ont plus rien qu'envie
Un cœur d'un autre objet épris :
Jusqu'à vos noms, je les oublie.
C'est Dieu seul qui charme mes jours,
Je l'ai pris seul pour mon partage :
Le Seigneur est seul pour toujours
Mon calice et mon héritage.

O beau calice ! que sa main,
Sa main généreuse me livre,
Tout empli d'un céleste vin,
Qui me rafraîchit et m'enivre.
Ce vin, ô mon Dieu, c'est ton sang :
Ton sang, du ciel même le gage.
O calice, ô sort ravissant !
O délicieux héritage !

Combien je bénis le Seigneur
De m'avoir donné sa lumière,
Pour chercher en lui mon bonheur
Et ne m'attacher qu'à lui plaire !
Même au sein de l'affliction
Son amour fait ma jouissance,
Et mes pleurs, réclamant son nom,
Sont essuyés par l'espérance.

J'ai sans cesse devant les yeux
Mon Dieu, mon protecteur fidèle :
Il me suit, m'assiste en tous lieux,
Et jamais mon pied ne chancelle.
Aussi dans mon cœur constamment
Tressaille la douce allégresse,
Et ma langue joyeusement
Tout le jour chante sa tendresse.

Jusques à ma chair même un jour,
Ma chair descendra consolée
Dans la tombe où du Dieu d'amour
Elle ne peut être oubliée.
Dieu vivant, tu ne voudras pas
Qu'un corps qui fût ton sanctuaire,
Soit sans retour par le trépas
Dissous et réduit en poussière.

Je t'ai vu toi-même, Seigneur,
Sortir du tombeau plein de gloire ;
Sur la mort, comme mon Sauveur,
Je remporterai la victoire ;
Et comme toi ressuscité,
Auprès de toi, Sauveur aimable,
J'irai, dans ton éternité,
Partager ta joie ineffable.

Psaume XXV. (Fin.)

Odivi ecclesiam malignantium, et cum impiis non sedebo etc.

Celui qui aime à participer à la table du Seigneur ne saurait jamais participer à celle des méchants.

AIR NOUVEAU : M. N., N.º 16, ou S.-S., N.º 100.

Non, jamais du méchant je ne verrai l'orgie :
De mon cœur sa table est haïe,
Jamais je n'y pourrai manger.
Le pain qu'il rompt est le blasphême,
Et dans ses banquets, Dieu suprême,
L'on ne sait rien que t'outrager.

Avec l'homme pieux, de mes mains dans l'eau pure
   Expulsant la moindre souillure,
   J'entourerai ton saint autel.
   Là tes louanges retentissent,
   Seigneur, et les langues s'unissent
   Pour bénir ton nom immortel.

Moi-même avec bonheur, Dieu d'amour, j'y publie
   Tous les bienfaits que sur ma vie
   Ton cœur se complaît à verser.
   J'y chante le pain que je mange,
   Et ce pain même est ta louange
   Qui comme un feu vient m'embrâser.

O que j'aime, Seigneur, la beauté de ton temple !
   Qu'avec plaisir mon œil contemple
   Le lieu par ta gloire habité !
   De ma foi la perçante vue,
   A travers la mystique nue,
   Sait découvrir ta majesté.

Que ton juste courroux, en foudroyant l'impie,
   Seigneur, daigne épargner ma vie !
   Du sien sépare mon destin.
   Tu sais qu'il n'aime que la terre,
   Que jamais, Seigneur, sa prière
   N'invoqua ton nom souverain.

Moi dans toi seul j'ai mis toute mon espérance.
 Si j'ai péché, que mon offense
 S'efface de ton souvenir.
 Raffermis mes pas dans ta voie,
 Seigneur, et ma langue avec joie
 Dans ton temple ira te bénir.

O! puissé-je bientôt, dans ta gloire éternelle,
 Voir à nu ta face immortelle,
 Avec tes Anges et tes Saints!
 Et plein d'une amoureuse ivresse,
 Avec eux célébrer sans cesse
 Ton nom et tes bienfaits divins!

Psaume CXXXII.

Ecce quàm bonum et quàm jucundum, etc.

Sur les avantages de la société des bons dans la retraite.

Air : *Heureux qui goûte les doux charmes.* S.-S., N.º 24.

Heureux ceux qu'éloignés du monde
Un saint asile à réunis !
Bons frères, d'une paix profonde

Ensemble ils goûtent les doux fruits.
* Saint asile, union bénie,
Source des célestes faveurs,
Aimable paix, heureuse vie !
Non, rien n'égale tes douceurs !

Avec eux, selon sa parole,
Vient habiter le doux Jésus.
C'est un ami qui les console,
Un bon père, un frère de plus. *

C'est peu : sa charité suprême
En un même corps les unit ;
A ce corps il s'unit lui-même,
Il est le chef qui le régit. *

De ce chef inondé de grâce
La grâce, parfum onctueux,
Coulant de sa divine face,
Baigne tous ses membres heureux. *

Ils participent à sa joie,
Ils s'embrâsent de son ardeur ;
Et déjà sur eux se déploie
Un doux reflet de sa splendeur. *

Du sommet des saintes montagnes
Ainsi la rosée autrefois
Coulait féconder les campagnes
Du peuple soumis à ses lois. *

Ainsi leur union bénie
Leur assure les dons du Ciel,
Prélude de l'heureuse vie
Qu'on puise au séjour immortel.
Saint asile, union bénie,
Source des célestes faveurs,
Aimable paix, heureuse vie !
Non, rien n'égale tes douceurs !

Psaume LXX.

In te, Domine, speravi; non confundar in aeternum, etc.

Combien l'âme éprouve de plaisir à chanter les bienfaits du Seigneur.

AIR : *Quel charme vainqueur du monde.* S.-S., N.° 93.

O Seigneur, en toi j'espère :
Pourrais-je être confondu ?
Ta promesse tutélaire
Soutient mon cœur abattu.

Entends ma voix suppliante,
De ta droite bienveillante
Etends sur moi le secours.
O mon Dieu, prends ma défense,
Sois mon rempart d'assurance,
Et le salut de mes jours.

Oui, ton sein est mon asile,
Je me retranche en tes bras.
Là que mon âme tranquille
Brave l'accès du trépas.
Des scandales et du vice,
Et de l'ange de malice,
O mon Dieu, délivre-moi;
De toi me vient mon courage,
Seigneur, et dès mon bas âge
J'ai mis mon espoir en toi.

Encore au sein de ma mère,
Tu me chérissais, Seigneur :
Dès que j'ai vu la lumière,
Tu t'es fait mon protecteur.
Dès lors ma langue enfantine
De ta tendresse divine
Toujours chantait les bienfaits.
Depuis, avec mes misères,

Tes soins, tes dons salutaires
Se sont accrus à l'excès.

Ah ! de louange remplie,
Que ma langue tout le jour
Chante ta gloire infinie
Et ton éternel amour !
Puisse avec mes saints cantiques
De tes grâces magnifiques
Se prolonger la faveur !
Et si j'entre en la vieillesse,
Quand sa ferveur le délaisse,
Ne délaisse pas mon cœur !

Déjà, triomphant d'avance,
Mon fier ennemi se dit :
« Dieu ne prend plus sa défense
Dans peu l'enfer l'engloutit ».
Seigneur, confonds sa malice ;
De sa fureur qu'il rougisse ;
Moi toujours j'espérerai :
Tu me défendras sans cesse,
Et sauvé par ta tendresse,
Toujours je te bénirai.

C'est ta tendresse constante
C'est ta bonté, Dieu d'amour,

Que ma voix reconnaissante
Chante et bénit chaque jour.
De ta puissance féconde,
De ta sagesse profonde,
Le mystère m'est voilé ;
Mais de ton amour fidèle,
Et de ta grâce immortelle
Le trésor m'est révélé.

Voilà, voilà de mon âme
L'unique et cher souvenir :
Lui seul m'inspire et m'enflamme,
Quand ma voix veux te bénir.
Mais en vain toute ma vie,
Seigneur, je te glorifie,
Mes chants ne pourront jamais,
Malgré l'ardeur qui m'anime,
Expliquer l'immense abîme
De tes merveilleux bienfaits.

Aussi, Seigneur, quand je chante
Ton ineffable bonté,
D'une allégresse enivrante
Tout mon cœur est transporté.
Jusques à mes lèvres même
Partagent ma joie extrême,

Et mon âme, ô Dieu sauveur,
Cette âme à ton cœur si chère,
Voudrait que toute la terre
Bénît ton nom rédempteur.

Psaume LXIV.

Te decet hymnus, Deus, in Sion, etc.

Tendresse du Seigneur pour les enfants de son Église, sujet d'une reconnaissance éternelle.

AIR : *Qu'un jour dure long-temps.* M. N., N.º 2.

O Dieu, c'est dans Sion
Qu'on doit bénir ton nom :
Dans son heureuse enceinte
Que doivent tes enfants pieux
Chanter un hymne harmonieux
　A ta majesté sainte.

Sur eux de ta maison,
O maître riche et bon,
S'épanche l'abondance.
Ton temple, fortuné séjour,

N'est qu'une merveille d'amour
  Et de munificence.

  Dans nos vallons, Seigneur,
  Ton fleuve bienfaiteur
  Coule à pleins bords sans cesse.
Tu prépares notre aliment :
O bon père, ô Dieu bienveillant,
  Telle est donc ta tendresse !

  Le trésor de ses eaux
  De nos mille ruisseaux
  Entretient l'abondance :
Et son flot partout se filtrant,
Tout germe croît en bénissant
  Sa divine influence.

  O Dieu de charité,
  Couronne ta bonté :
  Que ta grâce propice
S'étende sur tout l'univers,
Et que jusqu'au sein des déserts
  Ton saint amour fleurisse.

  Des insensibles cœurs,
  Où tes dons rédempteurs

Sont demeurés stériles,
Triomphe enfin; et qu'à leur tour
En fruit de justice et d'amour
Ils deviennent fertiles.

Tous tes enfants alors,
Dans de pieux transports,
Entoureront ta table;
Et mangeant un pain merveilleux,
Chanteront du Dieu généreux
La tendresse ineffable.

O cantique divin !
O cantique sans fin !
Au bas de la colline
Commence ; tu continûras,
Et pour jamais retentiras
Sur sa cime divine.

Psaume XLI.

Quemadmodum desiderat cervus ad fontes aquarum, etc.

L'âme affligée sur la terre se console par le désir et l'espérance du Ciel.

Air : *Quand vous contemplerai-je ?* M. N., N.° 17.

Comme le cerf soupire
Après les frais ruisseaux,

Telle, ô mon Dieu, mon âme aspire
A noyer en toi tous ses maux.

   J'ai soif de ta présence,
    O Dieu fort, Dieu vivant;
Toi seul peux guérir ma souffrance,
Et calmer mon gémissement.

   O! Seigneur, quand serai-je
    Dans ton divin séjour?
De voir le Dieu qui me protége
Aurai-je le bonheur un jour?

   Le jour, la nuit je pleure,
    Voilà mon pain d'exil,
Quand j'entends me dire à toute heure :
« Ton Dieu, pauvre âme, où donc est-il ? »

   Cette amère parole
    Me retentit au cœur :
Elle l'abat et le désole.
Que faut-il répondre, Seigneur ?

   Fondé sur ton oracle,
    Ah ! j'espère bientôt
Passer dans le beau tabernacle,
Demeure auguste du Très-Haut.

C'est là que l'allégresse
A dressé son festin :
L'heureux convive dans l'ivresse
Y chante et bénit Dieu sans fin.

Pourquoi gémir, mon âme ?
Et pourquoi me troubler ?
Espère au Dieu que je réclame ;
Il saura bien te consoler.

Espère, espère encore,
Toujours prête à bénir
Le Dieu que ta douleur implore :
Son doux regard doit te guérir.

Oui, mon âme est troublée,
Mais ton doux souvenir,
Seigneur, de sa vie exilée
Adoucit l'amer déplaisir.

Livré par la tempête
A l'abîme des eaux,
Mille flots brisent sur ma tête,
Suivis de mille flots nouveaux.

Bientôt la mer entière
Aura sur moi passé ;

Bientôt, Seigneur, aussi j'espère
Que la tempête aura cessé.

 Oui, de ma délivrance
 Dans peu luira le jour.
Affligé, mais plein d'espérance,
Je t'offre, ô Dieu, mon chant d'amour.

 Vers le Dieu de ma vie
 Sans cesse dans mon cœur
La prière soupire, et crie :
Mon Dieu, n'es-tu pas mon Sauveur ?

 Quand l'ennemi me presse,
 Pourrais-tu m'oublier ?
Sur toi, Seigneur, dans ma détresse,
Ne devrais-je plus me fier ?

 Je sens dans mes alarmes
 Tous mes os se briser.
Quand l'ennemi rit de mes larmes,
Mon Dieu peut-il me mépriser ?

 Tous les jours, à toute heure,
 J'entends dans mon exil
Me dire, pendant que je pleure :
Ton Dieu, pauvre âme, où donc est-il ?

Pourquoi gémir, mon âme ?
Et pourquoi me troubler ?
Espère au Dieu que je réclame;
Il saura bien te consoler.

Espère, espère encore,
Toujours prête à bénir
Le Dieu que ta douleur implore :
Son doux regard doit te guérir.

Psaume XXXV. (Fin.)

Domine in coelo misericordia tua etc.

Désir et espérance du Ciel.

AIR : *Beau ciel, éternelle patrie.* M. N., N.º 8.

Seigneur, le Ciel est la demeure
Et le règne de ton amour :
C'est là que ta tendresse un jour
Doit consoler celui qui pleure.
　* Dieu d'amour,
Ah ! serai-je bientôt dans ton heureux séjour ?

C'est là, c'est au Ciel que réside
La vérité des biens promis :
Là que tes trésors infinis
De nos cœurs combleront le vide. *

O ! qui dira le poids de gloire
Que tu réserves à tes Saints ?
Quels lauriers, quels honneurs divins
Doivent couronner leur victoire ! *

Mais quel mystère que la route
Par où tu conduis tes élus !
Que de combats, Dieu des vertus,
L'accès de ta maison leur coûte ! *

Courage ! le Seigneur nous aime,
Il ne veut que nous éprouver ;
Mais tu sauras bien nous sauver,
Amour divin, amour extrême. *

En tes promesses immortelles,
Seigneur, notre sort s'est fié :
Sur ton cœur le notre appuyé
Espère à l'ombre de tes ailes. *

De tes biens l'immense largesse
Dans notre sein s'épanchera :

Et notre âme s'énivrera
Du torrent de ton allégresse. *

Dieu vivant, l'immortelle vie
Se puise en ton sein bienheureux,
Et dans ta lumière nos yeux
Verront la lumière infinie. *

O vie ! ô lumière admirable !
Voir Dieu sans cesse, le chérir !
Eternellement le bénir !
O joie ! ô bonheur ineffable ! *

Ah ! voile de ton indulgence
Ceux qui t'invoquent, Dieu sauveur.
Aux cœurs purs assure, Seigneur,
Des biens futurs la jouissance, *

Préserve-moi de la folie
De chercher en moi mon bonheur ;
Et que l'exemple du pécheur
Jamais ne séduise ma vie, *

C'est leur triste orgueil qui renverse
Les enfants de l'iniquité :
Leur bonheur, d'un souffle emporté,
Comme la poudre se disperse. *

Mais le cœur humble qui n'espère,
Seigneur, qu'en ton amour divin,
D'un bonheur solide et sans fin
Ta main couronne sa carrière.
   Dieu d'amour,
Ah ! serai-je bientôt dans ton heureux séjour ?

Psaume CXXI.

Lœtatus sum in his quæ dicta sunt mihi, etc.

Même sujet que le précédent.

Air : *Quand vous contemplerai-je ?* S.-S., N.º 101.

O joyeuse nouvelle !
Lui-même le Très-Haut
Dans son séjour m'appelle :
J'y monterai bientôt !
* Courage ! âme bannie,
Attends encore un peu :
Dans ta chère patrie
Bientôt tu loûras Dieu.

Sur ta colline sainte,
Sion, je monterai !

Dans ton heureuse enceinte
Sans fin j'habiterai ! *

Sion, cité chérie,
Dans ton vivant contour
Tout se tient et se lie
Du ciment de l'amour. *

Ton Dieu de sa substance
Pénétrant ses élus,
Dans son heureuse essence
Tous s'aiment confondus. *

De l'exil misérable
Déja montée au Ciel,
Une foule innombrable
Y bénit l'Eternel. *

Là sur des trônes brille,
En groupes bienheureux,
La royale famille
De Jésus, Roi des Cieux. *

O princes, ô mes frères,
Priez, priez pour moi :
Que vos tendres prières
M'attirent près du Roi. *

Près de ce Roi suprême,
Qu'avec vous à mon tour
J'aille m'asseoir moi-même,
Sur un trône d'amour. *

Lors nous dirons ensemble
Au Dieu qui dans le Ciel
Près de lui nous rassemble,
Un cantique éternel.
Courage ! âme bannie,
Attends encore un peu :
Dans ta chère patrie
Bientôt tu loûras Dieu.

Psaume CIX.

Dixit Dominus Domino meo : sede à dextris meis.

Gloire de l'Homme-Dieu ressuscité.

Air à faire.

Dieu, vous avez dit à mon Dieu :
Siége à ma droite sur mon trône,
Pendant que sous mes traits de feu,

Pour rendre hommage à ta couronne,
Tes pervers ennemis vont être foudroyés.
Sur leurs fronts terrassés tu poseras tes pieds :
Pour marche-pied je te les donne.

C'est de Sion que doit partir,
O Dieu, ton sceptre héréditaire,
Pour aller soumettre et régir
Les peuples qui te font la guerre.
Tu naquis roi, mon fils; de mon sein bienheureux,
Avant l'aurore, avant la naissance des cieux,
Je t'engendre dans la lumière.

J'ai fait un serment solennel,
Serment certain, irrévocable :
Tu seras mon prêtre éternel,
Suivant le mystère admirable
De ce Melchisédech, qui du pain et du vin
M'immolait saintement sur mon autel divin
L'hostie à mon cœur agréable.

Le Seigneur veille à tes côtés :
Il doit au jour de sa colère
Briser les frêles majestés
De tous ces rois faits de poussière.
Son jugement courra frapper les nations :

Il ruinera tout; que de superbes fronts
Seront écrasés contre terre!

O mon fils, mon fils, un torrent,
Un torrent traverse ta voie:
Tu bois de son onde en passant;
Mais bientôt, saisissant ta proie,
Ta fureur la déchire, et jusqu'au haut des cieux,
En triomphe élevant ton front victorieux,
Tu règnes en paix dans ma joie.

Psaume II.

Quare fremuerunt gentes... adversùs Dominum etc.

Le Prophète prédit les combats de l'Eglise de J.-C.

AIR : *Pourquoi ces vains complots etc.* S.-S., N.° 78.

Qui peut donc soulever ainsi toute la terre?
Pourquoi le monde frémissant
Forme-t-il, à grand bruit, d'une nouvelle guerre
L'apprêt confus et menaçant?
Ah! c'est contre Dieu, Dieu lui-même,
C'est contre le Fils du Très-Haut,

Que son aveuglement extrême
Dirige un rebelle complot.
* Celui qui règne dans la gloire,
Insensés, de vous se rira,
Au Seigneur sera la victoire :
De vous le Seigneur se joûra.

CHOEUR.

* Celui qui règne dans la gloire etc.

Rejetons, ont-ils dit, son joug intolérable ;
 Brisons vite, brisons ses fers :
Ces fers lourds et honteux sous lesquels il accable
 Et dégrade tout l'Univers.
 Pour la liberté tout doit naître :
 Pour elle il faut vivre et mourir.
 Si Dieu veut être notre maître,
 Mourons, plutôt que de servir.

Prenez garde, insensés ! ce Dieu, dans sa colère,
 Par un seul mot peut vous punir.
Qu'à l'Ange du chaos il dise : sur la terre
 Va, parle ; on désire t'ouïr :
 Soudain, à son confus langage,
 Le monde partout agité
 Présentera l'horrible image
 De l'Enfer sur terre apporté.

Ainsi Satan, ainsi son empire s'annonce :
    C'est ainsi, par sa liberté,
Que l'orgueil des humains, qui me hait et renonce,
    Vers l'abîme est précipité.
    Et moi, sur la Sainte Montagne
    Où je siége et commande en Roi,
    La paix est ma douce compagne :
    Le bonheur fleurit sous ma loi.

Lui-même le Très-Haut m'a ceint du diadème ;
    Lui-même m'a nommé son Fils ;
C'est lui qui m'engendra dans la splendeur suprême
    Du jour éternel où je vis.
    Il m'a dit : demande ; et ton père,
    Pour ton apanage divin,
    Te donnera la terre entière ;
    Et tout fléchira sous ta main.

Au sceptre de l'amour que tout peuple indocile
    Soit frappé du sceptre d'airain,
Et rende, en se brisant comme un vase d'argile,
    Hommage à ton nom souverain.
    Qu'il meure, ou n'obtienne la vie
    Que l'orsqu'épuisé de douleur,
    Il saura, dans son agonie,
    Redemander ton joug sauveur.

Entendez maintenant, ô peuples de la terre :
   Enfants d'orgueil, instruisez-vous.
Par vos soumissions, de ce vengeur sévère
   Prévenez le fatal courroux.
 * Heureux, heureux les cœurs dociles !
   Ici la bonté du Seigneur
   Leur assure des jours tranquilles ;
   Plus haut sa gloire et son bonheur.
CHOEUR.
 * Heureux, heureux les cœurs dociles ! etc.

Ainsi parmi les Rois une race choisie
   De son sceptre toujours pieux
Toujours soutient l'Eglise, et sa tige bénie
   Brille et vit des faveurs des Cieux.
   Comme cette Eglise immortelle,
   Quand on la croit près de périr,
   Sa vie en Dieu se renouvelle,
   Et son *Lis* reprend à fleurir.

Psaume CXXVIII.

Sæpè expugnaverunt me à juventute meâ etc.
Triomphe perpétuel de l'Eglise.
Air : Quel feu s'alluma dans mon cœur ? S.-S., N.º 10.

Dis maintenant, fille du Ciel :
« Que de fois, depuis ma naissance,

Des méchants l'effort criminel
Conspira contre ma puissance,
OEuvre auguste de l'Eternel !
* Jamais de la victoire
Sur moi l'Enfer jaloux n'a remporté la gloire.

Faut-il dire les échafauds
Par eux dressés pour me détruire,
Et mon sang coulant à longs flots,
Durant trois siècles de martyre
Dont j'ai fatigué mes bourreaux ? *

Sur ma céleste vérité
Combien de fois, dans sa folie,
Leur orgueil n'a-t-il pas tenté
D'édifier l'erreur impie
Qui devait flétrir ma beauté ! *

Que de fois un rebelle essaim
D'enfants ingrats, contre leur mère
Tournant leur sacrilége main,
Et riant de sa plainte amère,
N'ont-ils pas déchiré son sein ! *

De mes ennemis la fureur
Avec les temps s'est prolongée ;

Mais par mon divin fondateur
Toujours secourue et vengée,
Toujours j'élève un front vainqueur. *

Maintenant d'esprits apostats
Voyez-vous cette ligue impure
Me livrer de nouveaux combats,
Et croyant ma ruine sûre,
Chanter l'hymne de mon trépas ?

Comme à mes anciens ennemis,
Mon époux brisera la tête
A tous ces pécheurs endurcis :
Déjà sa foudre est toute prête ;
Il sait bien ce qu'il m'a promis. *

Comme sous un soleil brûlant
L'herbe périt dans la prairie,
Ainsi périront tristement
Les pervers dont l'audace impie
Combat l'œuvre du Dieu vivant. *

A moi donc, fidèles enfants,
Qu'un ferme espoir toujours vous lie !
D'un Dieu croyez-en les serments,
Dans sa parole j'ai la vie :
Je vivrai jusqu'au bout des temps. *

Je vivrai dans l'éternité,
L'éternité me fut promise.
Là sans fin le Dieu de bonté
Couronnera sa chère Eglise
De paix et de félicité.
 Les Cieux de ma victoire
Par un hymne sans fin exalteront la gloire. »

Psaume XXVI.

Dominus illuminatio mea, et salus mea; quem timebo?

Confiance et charité du vrai fidèle.

AIR : *Quelle est cette aurore nouvelle.* S.-S., N.º 20.

Le Seigneur s'est fait ma lumière,
Il est mon salut pour jamais ;
Sous son égide tutélaire
Qui puis-je craindre désormais ?
Sans cesse sa main bienveillante
Se complaît à veiller sur moi ;
Qui peut m'inspirer l'épouvante,
Seigneur, quand je me fie en toi ?

En vain sur moi, dans leur démence,
L'immense ligue des pervers
S'avançant avec assurance,
Croit déjà dévorer mes chairs.
Leurs glaives qui déjà se lèvent
Entre leurs mains se briseront,
Et les tempêtes qu'ils soulèvent
Eux-mêmes les engloutiront.

Contre moi, formidable armée,
Qu'ils marchent ; de mon cœur jamais
Leur foule à ma perte animée
N'altérera même la paix.
Veulent-ils commencer leur guerre ?
Qu'ils la commencent ; le Seigneur
Est toujours l'aide en qui j'espère ;
Rien ne pourra troubler mon cœur.

Et qu'importe qu'on me déchire ?
Qu'importe qu'on brise mes os ?
Ce n'est point ici que j'aspire
A vivre inaccessible aux maux.
Du Tout-Puissant je ne réclame
Qu'un bien, mais un bien immortel,
C'est qu'il introduise mon âme
Dans son paradis éternel :

C'est de voir ta face adorable,
O Jésus, ô mon doux Sauveur,
Et de m'énivrer à ta table
Du vin de ton propre bonheur.
Là, dans l'aspect de ton visage,
Sans peine mon âme oubliera
Son terrestre pélerinage,
Et tous les maux qu'elle endura.

J'en ai la ferme confiance,
Oui mes yeux les verront un jour
Ces biens que ta bonté dispense,
Seigneur, aux fils de ton amour :
Oui dans la terre de la vie,
Dieu sauveur, mon âme entrera,
Et de cette heureuse patrie
Nul ennemi n'approchera.

Là je ne verrai que des frères,
Ensemble par l'amour unis,
Chantant les combats salutaires
Dont le Ciel fut pour eux le prix.
O Seigneur ! comme à leurs cantiques
Ma langue unira ses accords !
Et de tes faveurs magnifiques
Exaltera les doux trésors !

Ah ! puissent avec nous eux-mêmes
Ceux qui me poursuivent, Seigneur,
De tes félicités suprêmes
Un jour savourer la douceur !
Qu'un jour unissant leur louange
Aux louanges de tes élus,
Ils forment un concert qui venge
Ton nom et ton cœur méconnus !

Psaume CXLIX.

Cantate Domino canticum novum : Laus ejus etc.

Même sujet que le précédent.

Air : *Je te révère, ô Sainte Église*. M. N., N.º 18.

Qu'un nouvel hymne retentisse :
Chrétiens, louez votre Sauveur ;
Que l'Église entière bénisse
Son chef, son divin protecteur.
   A l'auteur de notre être
   Chantons un cantique joyeux :
De notre roi, de notre aimable maître
   Exaltons le sceptre amoureux.

Oui, chantons, chantons sa tendresse;
Vainement l'Enfer conjuré
Prétend écraser la faiblesse
Du peuple au Seigneur consacré.
 Contre son héritage
Les pervers seront impuissants :
Pour nous livrer, Seigneur, à leur ravage,
 Ton cœur chérit trop tes enfants.

Supportons avec patience
L'outrage de nos ennemis;
Pardonnons; à l'humble souffrance
Songeons quels biens furent promis.
 Plus, dans cette vallée,
Les pleurs auront mouillé nos yeux,
Et plus notre âme, en son Dieu consolée,
 Montera prompte dans les cieux.

Alors, ô! qui dira la gloire
Et l'allégresse de tes Saints,
Seigneur, quand leur douce victoire
Recevra son prix de tes mains,
 Et qu'assis à ta table,
Savourant ta félicité,
Ils chanteront ton salut admirable,
 Et rendront grâce à ta bonté.

Mais que vois-je ? Pendant qu'ils chantent
Un glaive brille dans leurs mains !
De vous, de ceux qui vous tourmentent
Connaissez les futurs destins :
 « Vous jugerez la terre
Avec moi, généreux vainqueurs ;
Et sur tous ceux qui vous firent la guerre
Ce glaive vengera vos pleurs. »

Ah ! Seigneur, que puissent nos frères,
Au lieu d'être par nous punis,
Devoir un jour à nos prières
D'être au ciel comme nous admis !
 Et qu'avec nous eux même
Foudroyant l'Ange séducteur,
Leurs voix sans fin, ô clémence suprême,
Bénissent ton nom rédempteur !

Psaume XIX.

Exaudiat te Dominus in die tribulationis, etc.

Prière pour le Roi.
Air nouveau. M. N., N.º 19.

Que daigne le Seigneur, dans le jour périlleux,
  A ta voix se montrer propice :

Que le Dieu d'Israël sur toi du haut des cieux
Etende sa main protectrice !

CHŒUR.

Dieu tout-puissant, sauve le Roi !
Exauce en ce jour la prière
Que pour son prince, pour son père,
Tout un peuple élève vers toi !

Du haut des cieux que Dieu se souvienne toujours
　　Du sacrifice de toi-même,
Et des vœux que pour nous ton cœur fait tous les jours,
　　Sous l'étreinte du diadème.

Ah ! sur ce noble cœur et ses pieux projets
　　Si Dieu mesure sa clémence,
En sagesse, en bonheur, aucun peuple jamais
　　Ne l'emportera sur la France.

En tes heureux destins les nôtres sont compris :
　　Ton salut est notre allégresse,
Et plus du Ciel tes jours seront long-temps bénis,
　　Plus nos cœurs seront dans l'ivresse.

Ah ! le Dieu de bonté remplira tous tes vœux,
　　Nous le disons en assurance :
L'Eternel bénira le monarque pieux
　　Qui met en lui son espérance.

Oui Dieu l'exaucera de son divin séjour;
 Il le doit, son bras tutélaire
Aux rois que pour son culte anime un saint amour
 Ne fut jamais plus nécessaire.

De leurs glaives vaillants d'autres sont orgueilleux;
 Nous avons aussi notre armure;
Mais nous avons de plus un roi chéri des Cieux:
 Par lui notre victoire est sûre.

Ainsi de tes cent rois toujours la piété,
 Heureuse France, t'a sauvée:
Et tombée avec eux, notre prospérité
 Ne s'est qu'avec eux relevée.

O Dieu puissant, protége et conserve le Roi:
 Exauce en ce jour la prière
Qu'à tes pieds prosternés nous élevons vers toi
 Pour notre prince et notre père.

Cantiques.

Cantiques.

Les Amabilités du Sauveur.

AVEZ-VOUS VU LE BIEN-AIMÉ DE MON AME? (Cantique des cant.)

AIR : *Sainte cité*, etc. S.-S., N.º 9.

Avez-vous vu celui que mon cœur aime ?
Connaissez-vous ses attraits ravissants?
Ah ! vous aussi pour lui, comme moi-même,
Vous brûleriez des feux les plus ardents.

Moi je l'ai vu : ses yeux pleins de tendresse
Sur moi fixaient un regard amoureux,
Où s'annonçaient la bonté, la richesse,
Et les desseins de son cœur généreux.

De tous les traits de sa face adorable
Il émanait une douce splendeur,
Un doux parfum, un attrait ineffable,
Qui m'entraînaient par leur charme vainqueur.

Il me parlait : au plus doux miel pareille,
Sa douce voix dans mon cœur pénétrait ;
Ses doux accents ravissaient mon oreille ;
D'un feu divin mon âme s'embrâsait.

Mais ô transport ! ô céleste délice !
Quand de ses mains ce tendre et doux Sauveur,
De son côté rouvrant la cicatrice,
A découvert me laissa voir son cœur.

Ciel ! quel éclat ! quelle magnificence !
Que de trésors renfermés dans ce cœur !
Quel vif amour ! quelle tendre indulgence !
Et quels désirs du salut du pécheur !

J'ai vu, j'ai vu la source auguste et sainte
De ce beau sang dont je fus racheté,

Et de l'eau vive où ma soif est éteinte,
Et qui jaillit jusqu'en l'éternité.

J'étais ravi !.... quand le Dieu que j'adore,
Du doigt montrant son séjour immortel,
» Ce que tu vois, dit-il, n'est rien encore :
» Pour être heureux, il faut me voir au ciel. »

Sur le Saint Nom de Jésus.

JÉSUS EST UN MIEL A LA BOUCHE, UNE MÉLODIE A L'OREILLE, UN CRI DE JUBILATION DANS LE COEUR (Saint-Bernard).

AIR : *Heureux qui goûte les doux charmes.* S.-S., N.° 24.

O Jésus, ô nom plein de charmes !
Nom de salut, nom de bonté :
Toi seul dissipes mes alarmes,
Toi seul fais ma félicité.
* O doux nom, source d'allégresse,
Puissé-je t'énoncer sans fin !
Jésus, Jésus, Jésus sans cesse :
O qu'il est doux ce nom divin !

En te prononçant, nom céleste,
Ma bouche savoure le miel ;

Un goût délicieux m'en reste,
Et rend mon plaisir éternel. *

Si tu viens frapper mon oreille,
Dieu ! quel doux son a retenti !
Quelle mélodie est pareille
Au doux bruit de ce nom béni ? *

Si je te vois écrit, ma vue
A rencontré la clef du ciel :
Je te baise, et ma bouche émue
Se colle à ce gage immortel. *

Je te médite et dans mon âme
J'entends le cri du Séraphin :
« Saint, Saint, Saint ! » Son beau feu m'enflamme,
Et le ciel semble être en mon sein. *

Oui le ciel : n'est-ce pas encore
Ce nom qui fait les bienheureux ?
N'est-ce pas ce nom qui décore
Leurs fronts vainqueurs et glorieux ? *

Mais ce nom alors n'est plus vide,
En lui Jésus même est compris :
Sa joie infinie y réside,
Et c'est là tout le Paradis. *

Ah ! si ton nom seul, Dieu suprême,
Me cause ici tant de plaisir,
Là-haut qu'il est plein de toi-même,
Comment doit-il donc me ravir ?
O doux nom, source d'allégresse,
Puissé-je t'énoncer sans fin !
Jésus, Jésus, Jésus sans cesse :
O qu'il est doux ce nom divin !

Jésus caché dans l'Eucharistie.

VOUS ÊTES VRAIMENT UN DIEU CACHÉ. (Isaïe.)

AIR nouveau. M. N., N.° 20.

Quand je viens visiter cette maison divine,
Sur le pavé sacré lorsque mon front s'incline,
 Pour qui porté-je ici mes pas ?
 Quel est le Dieu que j'y révère ?
Quel est le Dieu vers qui s'élève ma prière ?
C'est toi, mon doux Jésus ; mais je ne te vois pas.

Quand au pied de l'autel où ton amour t'immole,
Je viens pleurer, quel est celui qui me console ?
 Pour mes nombreux péchés hélas !
 Lorsqu'à l'effroi je m'abandonne,

Qui me dit : ne crains pas, ton juge te pardonne ?
C'est toi, mon doux Jésus ; mais je ne te vois pas.

Quand je me suis assis à ton banquet aimable,
Quel est ce pain divin, cette viande ineffable
    Que toi même m'y préparas ?
    Quel est ce feu pur qui m'enflamme,
Cet avant-goût du ciel qui transporte mon âme ?
C'est toi-même, ô mon Dieu ; mais je ne te vois pas.

Quand, tenant dans ses bras la victime mystique,
Le prêtre me bénit par son sacré cantique,
    Quelle est la parole, le bras,
    La vertu sainte en qui j'espère ?
Qui verse dans mon cœur la grâce salutaire ?
C'est toi, mon doux Jésus ; mais je ne te vois pas.

Toi seul fais le soutien, le charme de ma vie ;
Au jour de mon trépas, de mon âme ravie
    C'est toi qui combleras l'espoir.
    Alors de ta main paternelle
Accueilli dans le sein de ta gloire immortelle,
J'aurai, j'aurai sans fin le bonheur de te voir.

Gloire de la Vie cachée

Avec J.-C. dans le Seigneur.

TOUTE LA GLOIRE DE LA VILLE DU ROI EST AU-DEDANS D'ELLE-MÊME.
(Psalmiste.)

Même air que le précédent.

Quelle beauté jamais put t'être comparée,
De tout charme créé, Jésus, source incréée ?
    En toi sont les trésors divins
    Du savoir et de la sagesse ;
Dieu, ta beauté de Dieu fait la digne allégresse ;
Mais rien de toi n'est vu des regards des humains.

Quelle main eut jamais ta puissance infinie ?
Ton doigt soutient le monde, et régit l'harmonie
    Des globes dans les cieux épars ;
    Les temps, les évènements même,
Tout est mu, modéré par ton pouvoir suprême ;
Mais la main qui meut tout échappe à nos regards.

Qui jamais comme toi fut bon, fut secourable ?
Tu nous combles de biens : ta tendresse ineffable

De ta propre chair nous nourrit ;
Tu nous consoles par ta grâce ;
Ta grâce au haut des cieux nous prépare une place ;
Mais notre œil ne voit point le Dieu qui nous chérit.

J'ai vu de toi pourtant une image admirable.
Une âme était ton temple : et ton cœur adorable
S'était comme empreint sur son cœur ;
Tu lui communiquais ta vie ;
Ton esprit l'animait ; et cette âme bénie
Ne laissait voir qu'à toi sa divine splendeur.

Tout entière dans toi, pour adorer ton père,
Sa bouche par la tienne adressait sa prière ;
Elle le voyait par tes yeux,
Elle l'aimait avec tes flammes ;
Avec toi tout en elle à Dieu portait les âmes ;
Mais tous ces actes saints n'étaient montrés qu'aux cieux.

Des cieux un jour, grand Dieu, la lumière fidèle
La fera voir plongée en ta gloire immortelle.
O ! qu'alors elle brillera !
Alors tous la diront heureuse ;
Et pour l'éternité cette âme glorieuse
Aux yeux de tout le ciel ainsi resplendira.

La Continuelle pensée de Jésus.

TENEZ-VOUS AUPRÈS DE JÉSUS, A LA VIE, A LA MORT. (Imitation.)

AIR : *Qu'ils sont aimés*, etc. S.-S., N.º 4.

Je pense à toi, doux Jésus, dès l'aurore,
Et je ne vois lever que de beaux jours :
Avec le jour ta grâce que j'implore
Luit, et tes dons recommencent leur cours.

Dans mon travail, doux Jésus, ma pensée
Ne cesse point de se nourrir de toi ;
Aussi combien ma tâche est plus aisée !
Un Dieu m'assiste, et travaille avec moi.

Je pense à toi, doux Jésus, dans mes peines,
Et leur nuage est dissipé soudain :
Dans mon esprit, doux soleil, tu ramènes
Un calme frais, un jour pur et serein.

Je pense à toi, doux Jésus, quand le monde
Offre à mes yeux ses attraits séducteurs,
Et ta pensée, ô beauté sans seconde,
Eclipse tout par ses charmes vainqueurs.

Je pense à toi, doux Jésus, de mon âme
Quand le péché vient sonder la vertu ;
Un saint courage en moi soudain s'enflamme,
Et je vois fuir mon ennemi vaincu.

Je pense à toi, doux Jésus, dans mes joies,
Et mon plaisir est plus vif et plus pur :
Dans le présent, Dieu d'amour, tu m'envoies
Un avant-goût de mon bonheur futur.

O doux Jésus, toi-même en ta pensée
Daigne toujours porter ton serviteur.
De tout le monde une âme délaissée
Possède tout, en possédant ton cœur.

Sentiments d'amour après la Communion.

JE LE TIENS, ET JE NE LE LAISSERAI PAS ÉCHAPPER (Cant. des cant.)

AIR : *Sainte cité*, etc. S.-S., N.° 9.

Je l'ai, je l'ai celui que mon cœur aime !
Le doux Jésus, séduit par son amour,
Vient de descendre au-dedans de moi-même :
Je l'ai, j'en fais mon captif sans retour.

Oui mon cœur est sa prison éternelle :
Je le lîrai de nœuds qu'il chérira :
Je les ferai de la flamme immortelle,
Que dans mon cœur lui-même il nourrira.

Pour m'assurer ma riche jouissance,
Je vais poser une garde à mes yeux :
De mes regards la sévère prudence
Repoussera tout objet dangereux.

J'ordonnerai que ma langue attentive
Devant mon Dieu ne s'échappe jamais ;
Que devant lui mon oreille craintive
Aux vains discours refuse tout accès.

Puis de mon cœur je veux orner l'enceinte
De pensers purs, de sentiments pieux :
De mon Jésus la ressemblance sainte
Y va partout éclater à ses yeux.

Il y verra son humble obéissance,
Son lis si pur, sa douceur, sa bonté,
Son dévoûment, sa sainte patience,
Et plus que tout, sa vive charité.

Si quelque trait trop imparfait l'offense,
A le finir lui-même se plaira ;

Et plus en moi croîtra sa ressemblance,
Plus à mon cœur le sien s'attachera.

O nœud divin ! union immortelle !
Toujours, toujours ensemble nous vivrons,
O doux Jésus ; et ta gloire éternelle,
Ensemble un jour nous la partagerons.

Action de Grâces

Après la Communion.

IMITATION DU *Magnificat*.

Air : *Quand je viens visiter*, etc. M. N., N.º 20.

Ma langue du Seigneur exalte la tendresse ;
Mon âme en son Sauveur tressaille d'allégresse.
 Ce Sauveur réside en mon sein :
 Du haut de son trône adorable,
Il a pu regarder un pécheur misérable,
Et vouloir que mon cœur fût son séjour divin.

Combien, Seigneur, combien mon âme est glorieuse!
Les Anges étonnés la proclament heureuse.
    Jamais vous ne fîtes poux eux
    Un si grand, si touchant miracle;
Leur cœur ne fut jamais votre heureux tabernacle.
Ah! pour moi seul, Seigneur, vous êtes généreux.

Votre nom est le nom du Dieu qui sanctifie.
C'est pour sanctifier l'âme qui s'humilie,
    Qu'avec elle son Dieu s'unit;
    Et que déployant sa clémence,
Sur elle de ses dons il verse l'abondance.
Malheur au cœur altier dont l'orgueil se suffit!

L'orgueilleux périra de faim et de détresse;
Moi, nourri de mon Dieu, moi, fils de sa tendresse,
    Seigneur, je ne périrai pas.
    Seigneur, c'est en vous que j'espère;
Votre bras me soutient, votre flambeau m'éclaire:
Jusqu'à leur terme heureux vous conduirez mes pas.

Déjà jusques à vous, déjà jusqu'en vous-même
Vous élevez, grand Dieu, le néant qui vous aime;
    Déjà le ciel est dans mon cœur;
    Si vous dissipiez le nuage,
Je verrais rayonner en moi votre visage,
Et plongerais soudain au fleuve du bonheur.

Ainsi, vous l'avez dit, du serviteur fidèle
Vous récompenseriez l'humble et docile zèle;
　　Ainsi, Seigneur, en votre amour
　　Celui qui fonde ses délices,
Dès la terre du ciel goûtera les prémices;
Le reste se consomme au céleste séjour.

JE VIS, CE N'EST PLUS MOI QUI VIS, MAIS J.-C. QUI VIT EN MOI. (St Paul)

AIR: *Rolland, près de quitter la vie.* M. N., N.° 9.

Suspendez, sublimes Archanges,
Suspendez votre hymne éternel;
C'est moi seul qui du Roi du Ciel
Ai droit de chanter les louanges.
* Je suis tout plein du Dieu dont vous formez la cour,
C'est à moi de chanter sa gloire et son amour.

　　Le Dieu que vous louez sans cesse
　　A daigné descendre en mon cœur:
　　Je suis le temple du Seigneur;
　　O jour de gloire et d'allégresse! *

Son esprit pénètre mon âme ;
Sa chair est ma chair, je le sens ;
Son sang circule avec mon sang,
Et son céleste feu m'enflamme. *

C'est de lui que ma voix s'anime ;
C'est lui qui m'inspire mes chants :
Lui qui forme en ces doux instants
De ma bouche le son sublime. *

Laissez-moi donc, chœurs séraphiques,
Laissez-moi louer votre Roi ;
S'il n'est pas en vous comme en moi,
Près du mien que sont vos cantiques ? *

Et toi reçois, Père suprême,
L'hymne que t'offre un vil pécheur :
Il est digne de toi, Seigneur,
Quand c'est l'hymne de ton fils même.
Ton fils, le Dieu ton fils vit en moi dans ce jour ;
C'est lui qui chante en moi ta gloire et ton amour.

Pour la Bénédiction

Du Très-Saint Sacrement.

JÉSUS ÉLEVANT LES MAINS SUR SES APOTRES, LES BÉNIT, ET PENDANT QU'IL LES BÉNISSAIT, IL S'ÉLEVAIT DANS LE CIEL. (S.t Luc.)

AIR : *Quoi! dans les temples de la terre.* S.-S., N.º 16.

Au haut de la sainte colline,
Quittant la terre et tes amis,
Sur eux, Seigneur, ta main divine
S'étendit et tu les bénis.
Je n'ai point vu ta main tendue,
Je n'ai pas entendu ta voix,
Mais de ta grâce répandue
Je connais les fruits, je les vois.

C'est la vertu de ta parole,
C'est ta grâce, divin Jésus,
Qui te remplace et les console,
Quand toi-même ils ne te voient plus.
De là leur vient cet amour tendre,
Et ce recueillement pieux,

Et l'Esprit que je vois descendre
Pour les embraser de ses feux.

De là ce céleste langage,
Ces miracles, ces saints travaux,
Ce zèle brûlant, ce courage
Qui vaincra jusqu'à leurs bourreaux.
Ils triomphent ; de leur victoire
Je suis l'un des enfants heureux :
Quand tu les bénis, roi de gloire,
Tu me bénis donc avec eux.

Dans le mystère où je t'adore,
Dieu caché, mon unique espoir,
Quand tu viens me bénir encore,
Je ne peux t'ouïr ni te voir.
Il faudra qu'aidant ta faiblesse,
L'homme t'élève sur son sein,
Et pour seconder ta tendresse,
Te prête sa voix et sa main.

C'est toi pourtant, mon Dieu, mon père,
C'est toi, mon ami, mon Sauveur,
Toi seul qu'implore ma prière ;
Toi seul peux consoler mon cœur.
Toi seul fais tressaillir mon âme,
Toi seul m'inspires ces accents ;

(186)

C'est toi seul dont l'amour m'enflamme :
Sans t'apercevoir, je te sens.

Bénis-moi donc, Sauveur aimable :
Par la voix du prêtre, dans moi
Verse cette grâce admirable
Qui ne peut couler que de toi.
C'est toi que, dans sa douce ivresse,
Mon âme en ces terrestres lieux
Aimera, bénira sans cesse ;
Et je te verrai dans les cieux.

N. B. Pour le chant, on peut abréger, si l'on veut, en changeant la fin du premier couplet de cette manière :

Avec eux présent à ta vue,
Je fus aussi béni de toi,
Et ta grâce en eux répandue
Par eux a coulé jusqu'en moi.

Et en passant tout de suite au quatrième couplet : *Dans le mystère*, etc.

Sur le même Sujet.

EST-IL DONC CROYABLE QUE DIEU HABITE AVEC LES HOMMES SUR LA TERRE ? (Salomon.)

Air : *O vous qui nuit et jour.* M. N., N.º 6.

Jésus, mon doux Sauveur,
Toi dont le cœur
Est l'amour même :
Qui pour moi viens du ciel
Demeurer sur l'autel ;
Dieu d'amour, à jamais c'est toi que mon cœur aime.

CHŒUR.

Doux Jésus, en ce jour,
De mon amour
Benis l'humble retour.
De mon amour
Bénis l'humble retour.

A mon bannissement,
O cœur aimant,
Tu t'associes :

Tu veux qu'en ces bas lieux,
Ainsi que dans les cieux,
Dans un même destin se confondent nos vies.

Tu viens me soutenir,
Me réjouir
Par ta présence;
Tu fais mon aliment
De ta chair et ton sang.
D'un Dieu de lui prodigue amour, amour immense!

Sois à jamais béni
Céleste ami,
Pour ta tendresse !
Toi-même bénis-moi ;
Mon cœur est tout à toi :
Fais-le dans ton amour persévérer sans cesse.

CHOEUR.

Doux Jésus, en ce jour,
De mon amour
Bénis l'humble retour.
De mon amour,
Bénis l'humble retour.

Sur le même Sujet.

LA GLOIRE DU SEIGNEUR APPARUT AU MILIEU D'UNE NUE. (Exode.)

Air : *Contemple en silence.* M. N., N.º 21.

Recueille ton âme ;
C'est le Tout-Puissant,
Chrétien, qui réclame
Ce recueillement.
C'est le Dieu qui règne
Au plus haut des cieux,
Qui sur l'autel daigne
S'offrir à tes yeux.

Voilà du mystère
Qu'inventa l'amour,
Dieu veut sur la terre
Faire son séjour.
C'est pour mieux entendre
Tes soupirs, tes vœux,
Qu'il daigne descendre
Jusqu'en ces bas lieux.

Tremblant je t'adore,
Dieu de majesté ;
Confiant j'implore,
Seigneur, ta bonté.
Verse en moi ta grâce :
Fais, ô Dieu d'amour,
Qu'à mes yeux ta face
Se dévoile un jour !

Sur le même Sujet.

VOUS TOUS QUI AVEZ SOIF, ET QUI N'AVEZ POINT D'ARGENT,
VENEZ, ET ACHETEZ POUR RIEN LE VIN ET LE LAIT. (Isaïe.)

Air : *Recueillons-nous*, etc. M. N., N.º 22.

Accourez tous, vous dont l'âme affligée
Fléchit, hélas ! sous le poids de ses maux ;
Venez noyer dans les célestes eaux
　Les douleurs dont elle est chargée.
　　* Ici du doux Sauveur
　　S'épanche la tendresse :
C'est ici qu'il vous ouvre son cœur ;
　Ici qu'on puise sans cesse
　　Et l'allégresse
　　Et le bonheur.

Venez, venez, enfants de l'indigence ;
Ici sans or vous pouvez acheter
Le pain divin qui doit vous sustenter.
    Votre or, c'est votre confiance. *

Oui de vos cœurs, pauvres, devant sa face
Contentez-vous d'apporter le soupir :
Et pour ce prix Jésus va vous bénir,
    Et vous rassasier de grâce. *

Pour la fin d'un Exercice

Devant le Très-Saint Sacrement.

ADOREZ-LE, VOUS TOUS, SES ANGES. (Psalmiste.)

AIR : *Heureux enfants accourez tous.* S.-S., N.º 65.

Je te quitte, ô sacré séjour ;
Ailleurs d'autre devoir m'appelle.
Vous, Séraphins, fidèle cour,
Quand je pars du sacré séjour,
Pour moi rendez au Dieu d'amour
Amour et louange éternelle.

Pour moi présentez-lui mon cœur ;
Mon cœur veut demeurer sans cesse
Près de son aimable Sauveur
Pour moi présentez-lui mon cœur ;
En quittant l'autel du Seigneur,
A ses pieds divins je le laisse.

Dévotion au Saint Autel.

NOUS ADORERONS DANS LE LIEU OU SE SONT REPOSÉS SES PIEDS.
(Psalmiste.)

Air : *Heureux enfants accourez tous.* S.-S., N.º 63.

Que j'aime à voir le Saint Autel !
Là d'un Dieu descend la présence :
Là meurt pour moi le Roi du Ciel.
Que j'aime à voir le Saint Autel !
C'est là de mon cœur criminel
L'asile et la douce espérance.

C'est là que je viens chaque jour
Puiser la grâce salutaire.
Pour implorer le Dieu d'amour,
C'est là que je viens chaque jour,
Sûr qu'en ce généreux séjour
Dieu consolera ma misère.

Mon œil est sur l'Autel fixé
Pendant tout l'amoureux mystère ;
Et même après qu'il est cessé
Mon œil est sur l'Autel fixé :
Vers l'Autel mon cœur élancé
Y verse toujours sa prière.

Si mon Dieu n'y réside plus,
Toujours y réside sa grâce :
Tous ses biens sont là répandus.
Si mon Dieu n'y réside plus,
Mon œil, qui cherche encor Jésus,
DE SES PIEDS ADORE LA TRACE.

O prêtre, quel est ton bonheur
De baiser la pierre adorable !
Baiser la pierre où Jésus meurt !
O prêtre, quel est ton bonheur !
Moi, je la baise au moins de cœur,
Et ma joie est inexprimable.

En saluant l'Autel divin,
J'emporte avec moi l'allégresse
D'espoir, d'amour mon cœur est plein,
En saluant l'Autel divin.
O d'un ineffable destin
Doux gage, annonce enchanteresse !

O bonheur ! ô bonheur, bonheur,
Quand au ciel entrera mon âme !
Quand j'y verrai mon doux Sauveur,
O bonheur ! ô bonheur, bonheur !
O bonheur, quand son divin cœur
Dans le mien répandra sa flamme !

Trésor de l'Innocence.

VOUS ÊTES LE TEMPLE DE DIEU, VOUS (S.t Paul.)

AIR : *Travaillez à votre salut.* S.-S., N.o 51.

Savez-vous bien, jeunes enfants,
Combien, combien votre âme est belle ?
Et comme à vos cœurs innocents
Dieu garde sa joie immortelle ?
* Conservez bien, heureux enfants,
Conservez vos cœurs innocents.

C'est à vous qu'est promis le ciel :
Déjà de sa gloire ineffable
Dans vous le doigt de l'Eternel
A tracé l'esquisse admirable. *

Voyez ces radieux flambeaux
Dont la nuit parsème ses voiles :
Vos cœurs sont mille fois plus beaux
Que toutes ces belles étoiles. *

Du soleil même la splendeur
Devant vous pâlit et s'efface ;
C'est l'œil même du Créateur
Qui resplendit sur votre face. *

Sur le front des astres brillants
Sa gloire est faiblement empreinte ;
Mais vous, vos cœurs, heureux enfants,
Sont pleins de sa majesté sainte. *

C'est là qu'il habite et se plaît,
Qu'avec amour il se contemple
Votre âme est son divin portrait,
Votre cœur son trône et son temple. *

Chers enfants, ne péchez jamais,
Ne perdez jamais l'innocence ;
Vous détruiriez le beau palais
Qu'un Dieu remplit de sa présence. *

Combien un jour vous pleureriez
Un malheur aussi déplorable !

Mais vainement vous gémiriez,
Le mal serait irréparable. *

Jamais votre âme ne pourrait,
Même en pleurant la vie entière,
Recouvrer cet éclat parfait
Et cette innocence première. *

Sous vos pleurs, transparent ruisseau,
Toujours on verrait votre crime,
Et votre édifice nouveau
Serait bâti sur un abîme. *

Comprenez bien, enfants chéris,
De l'amour le tendre langage :
Gravez-le bien dans vos esprits,
Vous ne ferez jamais naufrage. *

Que l'ami des petits enfants,
Jésus qui sur son sein les presse,
Vous garde en ses bras caressants,
Et vous conserve en sa tendresse. *

Moi, mon cœur peut bien vous prouver
Combien il chérit votre enfance,
Mais Dieu seul peut vous conserver
Le trésor de votre innocence. *

Ah! chers enfants, pour vous, pour moi,
Du Ciel implorez l'assistance;
Vous pouvez tout auprès du Roi;
Mais gardez bien votre innocence.
Conservez bien, heureux enfants,
Conservez vos cœurs innocents.

Invitation à l'Étude

Et à l'amour de la Loi de Dieu.

VENEZ, MES ENFANTS, ECOUTEZ-MOI, JE VOUS ENSEIGNERAI LA CRAINTE DU SEIGNEUR. (Psalmiste.)

AIR : *Mon cœur, en ce jour solennel.* S.-S., N.° 40.

Jeunes enfants, écoutez-moi :
Je viens vers vous, plein de tendresse,
De Dieu vous enseigner la loi,
Et la véritable sagesse.

LES ENFANTS.

* Que la loi sainte du Seigneur
Règne à jamais dans notre cœur.

Fuyez le mensonge odieux ;
Jamais d'une parole amère,
Jamais d'un mot injurieux
Ne mortifiez votre frère. *

Surtout que vos langues jamais
Ne profèrent l'affreux blasphème ;
Le Tout-Puissant ne vous a faits
Que pour bénir son nom suprême. *

Eviter le mal qu'il défend,
Et faire le bien qu'il commande ;
Pour les dons qu'en vous il répand,
De vous voilà ce qu'il demande. *

Ce Dieu, couronnant ses bienfaits,
Dans vos heureuses consciences
Epanchera sa douce paix
Et ses plus tendres complaisances. *

O ! si vous saviez, chers enfants,
Avec quel amour Dieu contemple
Et bénit les cœurs innocents
Dont son Esprit-Saint fait son temple ! *

Mais l'enfant rebelle au Seigneur,
De lui Dieu détourne sa face,

Lui ferme ses bras et son cœur,
Et de son souvenir l'efface. *

Si le juste a de mauvais jours,
Il adresse à Dieu sa prière ;
Ce Dieu bon vient à son secours
Et le console en sa misère. *

Ah ! mes enfants, bien des douleurs
Affligeront votre existence ;
Mais si vous aimez Dieu, vos pleurs
Seront séchés par l'espérance. *

Même quand la mort détruira
Ces membres, cette chair souffrante,
Le Seigneur encore étendra
Sur elle sa main bienveillante. *

Jusqu'en la maison du trépas,
Dieu veillera sur sa poussière :
Un seul grain ne s'en perdra pas,
Gardé par son œil tutélaire. *

Autant que de l'homme pécheur
La fin est triste et malheureuse,
Autant aux regards du Seigneur
Celle du juste est précieuse. *

Il a vu le Dieu rédempteur
Sortir du tombeau plein de gloire ;
Sur la mort comme son Sauveur
Il remportera la victoire. *

Puis comme lui ressuscité,
Auprès de ce Sauveur aimable,
Il ira dans l'éternité
Partager sa joie ineffable. *

Telle, aux divins commandements
Si vous rendez obéissance,
Telle sera, mes chers enfants,
Votre infaillible récompense.

Que la loi sainte du Seigneur
Règne à jamais dans notre cœur.

Pour une première Communion.
AVANT LA COMMUNION.

LAISSEZ LES PETITS ENFANTS VENIR A MOI ; CAR C'EST A CEUX QUI SONT
ENFANTS QUE LE ROYAUME DES CIEUX APPARTIENT.
(Paroles de N. S. J. C. lui-même.)

Air : *Le monde par mille artifices.* S.-S., N.° 80, ou M. N., N.° 23.

Approchez de moi, chère enfance,
Vous que j'aime, vous dont mon cœur

Ne désire que le bonheur :
Approchez avec confiance.
Je veux vous montrer en ce jour
Pour vous jusqu'où va ma tendresse.

LES ENFANTS.

* Nous accourons, ô Dieu d'amour;
Accomplissez votre promesse.

Le don que j'offre, c'est moi-même :
Je veux être votre aliment ;
Mangez ma chair, buvez mon sang;
Mes enfants, c'est ainsi que j'aime :
C'est ainsi que dans ce beau jour
Je veux vous marquer ma tendresse. *

Oui je veux être dans vos âmes
Et m'unir à vous pour jamais;
Je veux en vous graver mes traits,
Et vous embrâser de mes flammes.
Pour vous quel bonheur en ce jour !
Quel doux gage de ma tendresse ! *

Je veux vous montrer à mon père :
C'est moi-même en vous qu'il verra,
Et comme il m'aime, il aimera

Les cœurs où j'ai su me complaire.
Et vous entrerez tous un jour
Avec moi dans son allégresse.

Approchez de moi, chère enfance,
Vous que j'aime, vous dont mon cœur
Ne désire que le bonheur :
Approchez avec confiance.
Je veux vous montrer en ce jour
Pour vous jusqu'où va ma tendresse.

Nous accourons, ô Dieu, d'amour ;
Accomplissez votre promesse.

APRÈS LA COMMUNION.

Mes chers enfants, elle est remplie
La promesse que je faisais :
J'ai comblé vos ardents souhaits ;
De ma chair votre âme est nourrie.
Que ferez-vous à votre tour,
Pour reconnaître ma tendresse ?

LES ENFANTS.

Nous vous aimons, ô Dieu d'amour,
Et nous vous aimerons sans cesse.

C'est bien votre cœur que j'envie;
Qu'il soit fidèle à son serment,
Et ce cœur éternellement
Sera ma demeure chérie.
Aimez votre Dieu sans retour,
Vous aurez toujours sa tendresse. *

Contre Satan et sa malice
Ma présence vous défendra,
Et ma grâce toujours sera
Votre fidèle protectrice.
Je suis votre ami sans retour,
Si vous tenez votre promesse. *

Si vos âmes sont affligées,
Si je vous vois dans la douleur,
Par mon esprit consolateur
Vos peines seront soulagées.
Un cœur qui m'aime sans retour
Ne peut languir dans la tristesse. *

Je vous suivrai dans la mort même,
Et je ferai luire à vos yeux
La gloire immortelle des cieux,
Gloire assurée au cœur qui m'aime;
Et la mort changera son jour
En jour de vie et d'allégresse. *

Jusque dans le sein de mon père
Par moi vous serez introduits.
Là nous serons encore unis
Comme nous le sommes sur terre;
Là de mon bonheur éternel
Vos cœurs partageront l'ivresse.

— Nous vous aimons, ô Roi du ciel,
Et nous vous aimerons sans cesse.

Pour un jeune cœur
En qui le goût du Monde
COMMENCE A REFROIDIR LA PIÉTÉ.

JÉSUS DIT AUX JUIFS : JE VOUS AI FAIT MILLE ŒUVRES DE BONTÉ; POUR LAQUELLE EST-CE QUE VOUS VOULEZ ME LAPIDER ? (Ev. selon S.ᵗ Jean).

Même air que les précédents.

Ecoute, mon enfant, ton père,
Ecoute ton Dieu te parler :
Je crois voir ton cœur chanceler,
Ma grâce ne t'est plus si chère.
Jusqu'ici j'ai fait ton bonheur,
Et maintenant ton cœur chancelle !

*—Non, Seigneur ; voyez mieux mon cœur :
Mon cœur vous est toujours fidèle.

Ah ! mon enfant, je vois le monde :
C'est lui qui veut m'ôter ton cœur.
Le monde est-il ton créateur?
Dois-tu l'être à sa main féconde?
De tes jours moi seul suis l'auteur,
Et ton amour pour moi chancelle ! *

Je suis mort pour sauver ton âme ;
Le monde en a-t-il fait autant ?
A-t-il pour moi versé son sang ?
Et c'est lui, lui qui te réclame !
Je suis ton généreux Sauveur,
Et ton amour pour moi chancelle ! *

Je t'ai donné, dans ton baptême,
Et l'innocence et mon amour.
Je t'ai traité depuis ce jour
Avec une tendresse extrême.
Suis-je, dis-moi, ton bienfaiteur?
Et ton amour pour moi chancelle. *

Le monde sait-il faire grâce,
Et pardonner comme je fais ?

Chaque péché que tu commets,
A ta prière je l'efface.
Je suis un Dieu plein de douceur,
Et ton amour pour moi chancelle ! *

Est-il dans le monde une table
Qui vaille mon banquet divin?
Tu sais que mon pain, que mon vin,
Sont ma chair, mon sang véritable.
Tu manges ton Dieu, ton Sauveur,
Et ton amour pour lui chancelle ! *

Du monde le plaisir frivole
Est-il comparable à ma paix?
Le monde donna-t-il jamais
L'Esprit-Saint, l'Esprit qui console?
Je suis le Dieu consolateur,
Et ton amour pour moi chancelle ! *

Puis, mon enfant, et c'est tout dire,
Le monde a-t-il la clef des cieux?
Et dans mon séjour bienheureux
Est celui qui peut t'introduire ?
Moi seul peux faire ton bonheur,
Et ton amour pour moi chancelle !

— Non, Seigneur; voyez mieux mon cœur :
Mon cœur vous est toujours fidèle.

Cher enfant, je te crois sincère ;
Accepte mon baiser d'amour.
Tu veux être à moi sans retour,
A jamais je serai ton père :
Tu peux compter sur ma faveur
Et sur ma tendresse éternelle.

— Oui, Seigneur, vous avez mon cœur :
Il vous sera toujours fidèle.

L'âme Gémit

Sur ses Faiblesses Continuelles.

O ROI JÉSUS, POURQUOI ME TENEZ-VOUS ENLACÉ DANS CES FILETS DE LA CHAIR, S'IL EST VRAI QUE JE SUIS UN ÊTRE DIVIN, ET VOTRE HÉRITAGE, COMME VOTRE PAROLE ME L'APPREND ? (Poës. de S.t Grég. de Nazianze).

AIR : *Que je me plais dans ton enceinte!* S.-S., N.° 13.

Je t'aime pourtant, mon doux maître,
Je t'aime, ô Jésus, mon Sauveur :

Mon âme, mon cœur, tout mon être
Brûle d'amour pour toi, Seigneur.
Mais, hélas ! malgré ma tendresse,
Malgré mon saint embrâsement,
J'ai la déplorable faiblesse
De t'offenser à chaque instant.

Doux Jésus, la seule pensée
A peine t'offre à mon esprit,
Que dans mon esprit retracée
Soudain ta beauté me ravit.
Je me crois déjà dans ta gloire,
Je me vois pressé sur ton cœur ;
Mais bientôt ma faible mémoire
Laisse s'échapper mon bonheur.

Hélas ! tes attraits invisibles
Dans ma mémoire retracés,
C'est l'aspect des objets sensibles
Qui les a si tôt effacés :
Hélas ! c'est ce visible monde
Qui m'entraîne en frappant mes sens ;
Et voilà ma source féconde
De péchés toujours renaissants.

O Jésus, une âme qui t'aime
Devrait-elle être dans la chair ?

Où devrais-tu n'être toi-même
Pour ses regards qu'un pâle éclair ?
Montre ta face glorieuse,
Ou brise enfin ce corps mortel
Sans lequel, colombe amoureuse,
Je volerais te voir au ciel.

Mais dans le lacet qui m'enchaîne,
Je t'entends, il me faut gémir :
Il me faut supporter ma peine,
A ton exemple il faut souffrir.
Le courage est la seule route
Qui mène de la terre aux cieux,
Et ce sont des larmes que coûte
L'entrée au séjour bienheureux.

Eh bien ! souffrons ; mais que ta grâce
Me sauve du piége des sens,
Seigneur ; et pour suivre ta trace,
Affermis mes pas chancelants.
malgré ma faiblesse coupable,
Conserve-moi ton tendre amour ;
Et pour voir ta face adorable,
Doux Sauveur, j'attendrai ton jour.

Paraphrase du Pater.

Air nouveau, M. N., N.º 24.

O notre Père, ô Roi des cieux,
Daigne écouter notre prière.
Vers toi nous élevons les yeux :
C'est en toi que notre âme espère.

Qu'à ton saint nom tout rende honneur ;
Du monde il est seul l'espérance :
Que partout de ce nom sauveur
Enfin luise la connaissance !

Viens, et règne dans notre cœur ;
Viens, et règne en notre mémoire :
Et puissions-nous bientôt, Seigneur,
Régner avec toi dans ta gloire !

Sous ta divine majesté
Que l'homme avec l'Ange fléchisse :
Et que ta sainte volonté
Ici comme au ciel s'accomplisse.

Daigne nous donner chaque jour
Le pain qui nourrit notre vie;
Mais avant tout, ô Dieu d'amour,
Que ta grâce nous vivifie.

Que nos péchés soient effacés
Du souvenir de ta vengeance,
Comme à ceux qui nous ont blessés
Nous-mêmes pardonnons l'offense.

Surtout à la tentation
Ne livre pas notre faiblesse;
Mais délivre-nous du Démon,
Et romps les piéges qu'il nous dresse.

En l'Honneur

De la Sainte Couronne d'Epines.

LE SEIGNEUR M'A CEINT DU VÊTEMENT DE SAUVEUR, COMME UN ÉPOUX ORNÉ DE SA COURONNE NUPTIALE. (Isaïe).

Air: *Tu vas remplir* etc. S.-S., N.° 7.

Venez donc voir la couronne amoureuse
Que mon Jésus à ses noces portait,

Quand, épousant notre misère affreuse,
De tout son sang lui-même il la dotait.

Divin trophée, Epine que j'adore,
Quand tu perçais le cerveau de mon Roi,
Tu sus alors, pourrais-tu dire encore
Les saints pensers de son âme pour moi ?

— Amour, amour ; pardon, céleste gloire !
Oui crois-moi bien ; c'est moi qui dans ce jour
Dans le trésor de sa tendre mémoire
Te fis entrer, te fixai sans retour.

Et maintenant d'un autre diadâme
Au haut des cieux il brille couronné :
C'est un or pur, c'est un éclat suprême !...
Et cet éclat t'est aussi destiné.

Moi cependant, rude et sanglante épine,
Je viens m'offrir à ton front à son tour ;
Porte-moi donc, si dans sa cour divine
Avec ton Roi tu veux régner un jour.

— Si je le veux ! doux Jésus, en ma tête
Vite enfoncez ces piquants précieux ;
Mon front est prêt, vous-même tenez prête
Ma part de gloire et de bonheur aux cieux.

Douceur

De la Dévotion à Marie.

JE SUIS LA MÈRE DU BEL AMOUR ET DE LA SAINTE ESPÉRANCE. (Ecclés.)

Air : *Je vous salue*, etc. M. N., N.° 23.

Que je chéris ton nom, ô divine Marie !
    Combien ta mémoire bénie
    Est douce et suave à mon cœur !
C'est ton doux souvenir qui bannit mes alarmes,
Et de mes yeux soudain change les tristes larmes
    En pleurs de joie et de bonheur.

Quand de ton fils, mon Dieu, mon rédempteur, mon père,
    Mon âme heureuse considère
    La mansuétude et la douceur,
Du vif éclat d'un Dieu si ma vue éblouie
Se trouble, au même instant, douce et tendre Marie,
    Elle se rabat vers ton cœur.

Là j'aperçois encor la bonté, la clémence,
    Et la gracieuse indulgence
    Qui me ravissaient dans Jésus :
C'est encore son cœur, c'est encor sa tendresse ;

Mais le rayon d'effroi qui troubla ma faiblesse
    Ici ne se retrouve plus.

Sur tes lèvres je vois éclore un doux sourire,
    Et ta bouche semble me dire :
    « De mon fils pourquoi t'effrayer ?
Ah ! si tu savais donc combien mon Jésus t'aime !
Ainsi que sa grandeur son amour est extrême ;
    Tu ne peux trop t'y confier. »

Par ta voix rassurés, ô tout aimable mère,
    Sur le Sauveur en qui j'espère
    Mes yeux s'attachent sans retour.
Ses splendeurs ne sont plus qu'une flamme infinie,
Par l'amour allumée, et par l'amour nourrie :
    Amour, amour, tout n'est qu'amour.

Ainsi daigne toujours, ô Vierge de clémence,
    M'animer à la confiance,
    Au pur amour pour mon Sauveur.
O Marie, ô doux nom, à jamais mon cœur t'aime ;
Mais je t'aime surtout, ô Jésus l'amour même :
    T'aimer, voilà tout mon bonheur.

Le cri du Mourant.

..... DANS CE JOUR FATAL L'HOMME A L'HOMME INUTILE
NE PAIRA POINT A DIEU LE PRIX DE SA RANÇON.
(J.-B. Rousseau, d'après le Psalmiste).
AIR : *Grâce, grâce*, etc. S.-S., N.° 56, ou M. N., N.° 26.

Quel horrible frisson court soudain dans mes veines ?
Tout mon sang n'est que glace ! ah mon Dieu ! je le voi :
C'est la mort ! oui, je sens ses atteintes certaines.
La mort ! la mort ! Seigneur, ayez pitié de moi !

Jetez-moi, mes amis, sur le lit de souffrance :
Vous ne m'en verrez plus relever. Ah ! pourquoi
A mon mal vainement parlez-vous d'espérance ?
Je meurs ! je meurs ! Seigneur, ayez pitié de moi !

Portez loin de mon lit ces habits inutiles :
Je ne les prendrai plus. Triste linceul, c'est toi
Qui dois couvrir bientôt mes membres immobiles.
Je meurs ! je meurs ! Seigneur, ayez pitié de moi !

Adieu, beau ciel, beau jour ! ô magnifique monde,
Adieu ! vous demeurez ; et moi, moi votre Roi,
Je pars, je disparais dans une nuit profonde.
Je meurs ! je meurs ! Seigneur, ayez pitié de moi !

Adieu, divin autel ! où, suivi de ses Anges,
Le Très-Haut chaque jour devant l'œil de ma foi
Descendait, s'immolait, recevait mes louanges.
Je meurs ! je meurs ! Seigneur, ayez pitié de moi !

Si pourtant je devais dans le ciel face à face
Le contempler bientôt : Dieu ! quels transports ! Mais quoi !
Un pécheur espérer cette ineffable grâce !
Je meurs ! je meurs ! Seigneur, ayez pitié de moi !

La mort ! le jugement ! le Paradis peut-être !
Et peut-être l'Enfer ! Ah ! je frémis d'effroi.
Où serai-je ? Dans peu je pourrai le connaître.
Je meurs ! je meurs ! Seigneur, ayez pitié de moi !

Viendrez-vous, mes amis, au tribunal suprême,
Fléchir en ma faveur son inflexible loi ?
Ah ! vous tremblez pour vous, autant que pour moi-même,
Mais moi, je meurs ! Seigneur, ayez pitié de moi !

Vous seul êtes, grand Dieu, mon espoir, mon refuge :
Votre seule bonté peut calmer mon effroi.
N'êtes-vous pas mon père, encor plus que mon juge ?
Je meurs ! je meurs ! Seigneur, ayez pitié de moi !

Déjà l'heure est venue : une sueur glacée
Inonde tout mon corps, mon œil s'éteint, mon cœur
Bat à peine ; ma voix ainsi que ma pensée
Pour la dernière fois vous implore, Seigneur !.....

FIN.

AIRS NOTES

N.º 1. Page 11

En-fin le cours des temps s'a-chè-ve a-che-té par tant de dé-lais, ton jour, Sei-gneur, en-fin se lè-ve, et com-ble nos ar-dents sou-haits, ton jour, Sei-gneur, en-fin se lè-ve, et com-ble nos ar-dents sou-haits.

N.º 2.
Page 13.

Même sujet que le précédent.

Air nouveau, avec accomp.t de Piano, par M.r Choron.

N.º 3 bis
Page 34.

Mod.to

fin

Debout près la croix de son fils de Jesus la sensible mère contemploit ces membres ché-

Sta - bat ma - ter do - lo - ro - sa jux ta cru -

N.ª le chant de cet air peut s'exécuter seul, à volonté, ou en duo.

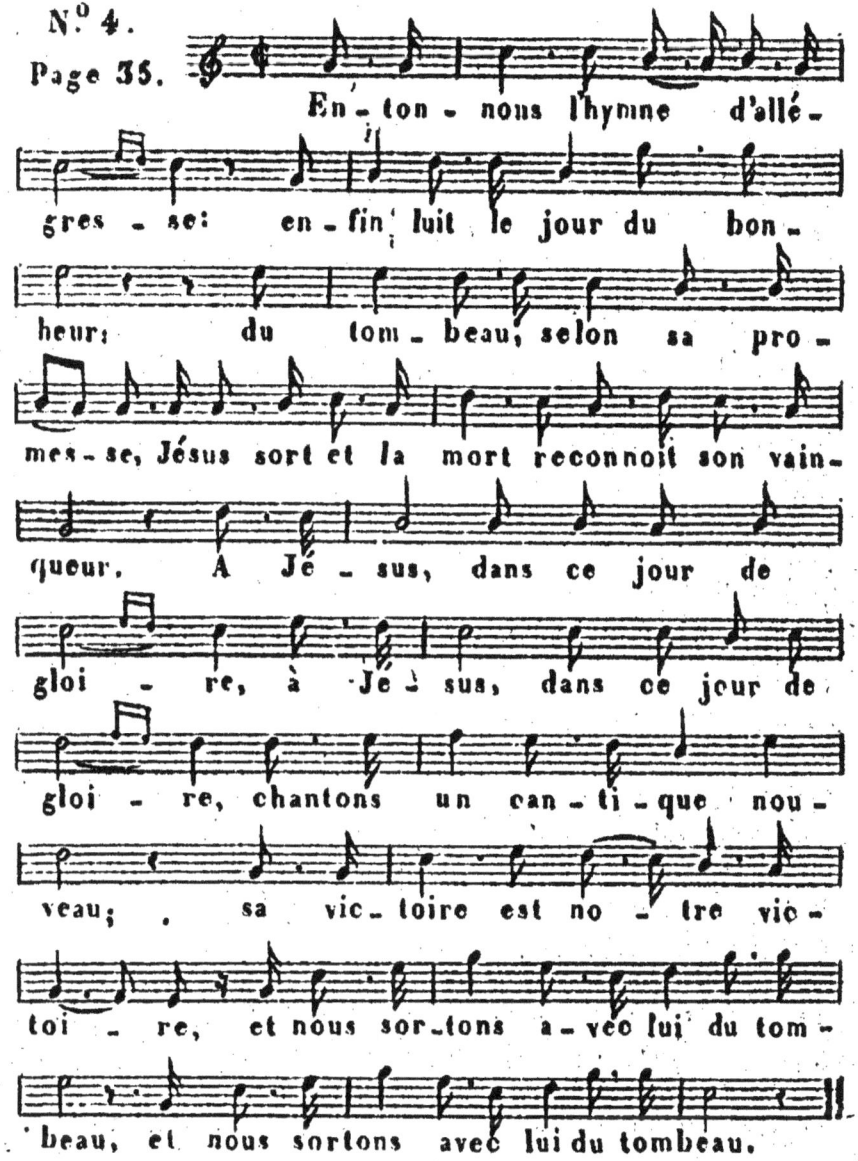

PRIÈRE POUR LE ROI.

Imitation de L'exaudiat.

20

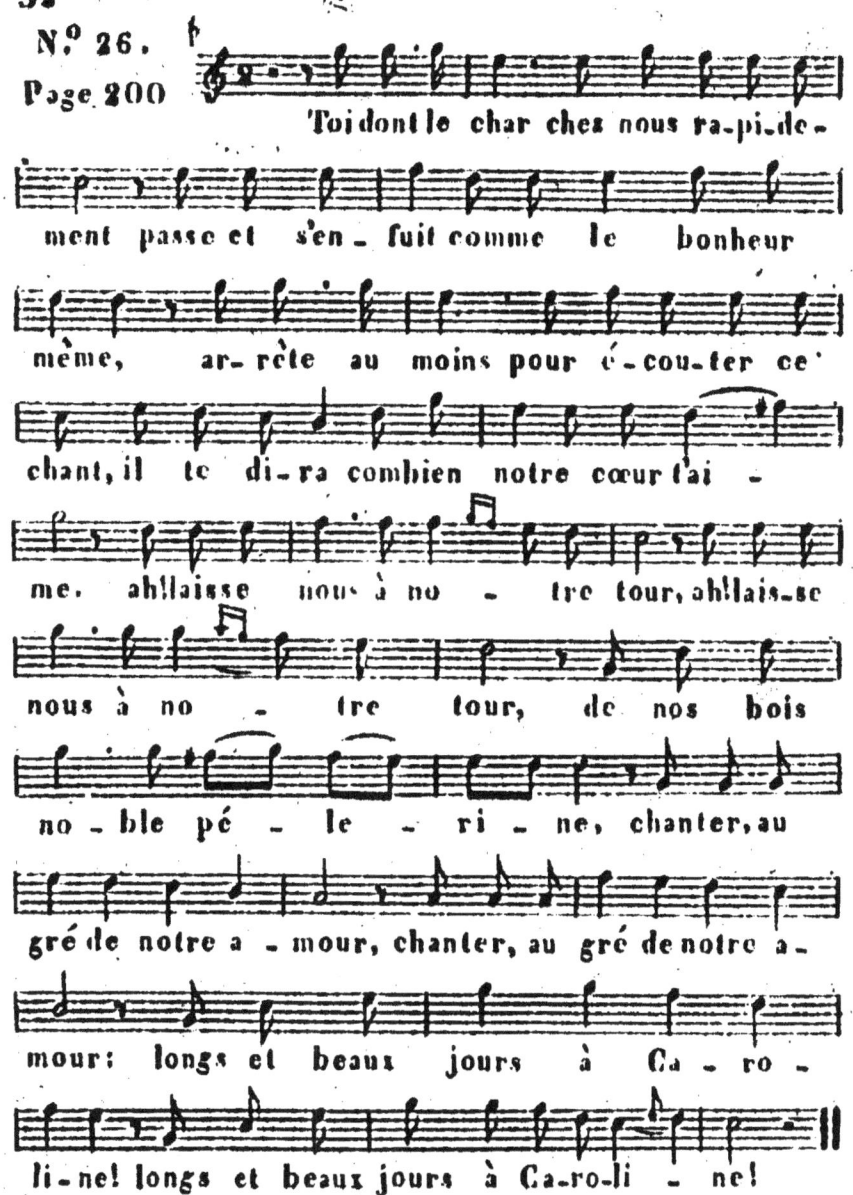

TABLE DES MATIÈRES.

Hymnes.

Le dimanche et tout le temps de l'Avent,	11.
La fête de la Nativité de N. S. à Laudes,	13.
Idem, à Vêpres,	15.
La fête de la Circoncision de N. S.,	17.
La fête de l'Epiphanie,	19.
Les dimanches après l'Epiphanie,	22.
La Présentation de N. S., etc.,	24.
Le dimanche et le temps de la Septuagésime,	26.
Les dimanches et tout le temps de Carême,	27.
Le dimanche et le temps de la Passion,	29.
La fête de la Compassion de la Sainte-Vierge,	31.
Le saint jour de Pâques,	35.
Le dimanche de la Quasimodo et tout le temps Pascal,	37.
La fête de l'Annonciation de N. S.,	39.
La fête de Saint-Joseph,	41.
La fête de l'Invention de la Sainte-Croix,	42.
La fête de l'Ascension de N. S.,	44.
Le saint jour de la Pentecôte, à Tierce,	46.
Le même jour, à Vêpres,	48.
La fête de la Très-Sainte Trinité,	51.
La fête du Très-Saint Sacrement, à la procession,	53.
Sur le même sujet,	55.
Le même jour, à Vêpres,	57.
La fête du Sacré-Cœur de Jésus (à Laudes),	59.
Le même jour, à Vêpres,	61.
Les dimanches après la Pentecôte,	62.
La fête des bienheureux apôtres Pierre et Paul,	64.
La fête de la Transfiguration de N. S. (à Laudes),	65.
Le même jour, à Vêpres,	67.
La fête de l'Assomption de la Très-Sainte Vierge,	69.
La fête de Saint-Louis, roi de France,	71.
La fête de la Conception de la B. V. Marie, et celle de sa Nativité,	74.
La fête de l'Exaltation de la Sainte-Croix,	76.
La fête du Saint-Rosaire,	78.
La fête de la Dédicace des Eglises,	80.
La fête de tous les Saints, à la Messe,	82.
Le même jour, à Vêpres,	85.
Le même jour, à la Procession,	87.
La fête des Saintes Reliques,	89.

Psaumes

Psaume 11. Sur le dépérissement de la vérité, 95.
Ps. 1. Bonheur de ceux qui s'attachent à la parole du Seigneur, 97.
Ps. 50. Le pécheur implore la miséricorde divine, 99.
Ps. 119. Même sujet, 102.
Ps. 6. Même sujet, 103.
Ps. 101. Le pécheur remercie le Seigneur de lui avoir accordé son pardon, 106.
Ps. 110. Reconnaissance des bienfaits présents; espérance des biens futurs, 110.
Ps. 115. La Sainte Communion, seule vraie et digne action de grâces, 112.
Ps. 12. L'âme éprouvée par des délaissements, prie le Seigneur de la consoler, 115.
Ps. 120. Sentiments d'espérance, 117.
Ps. 114. Bonté de Dieu, motif d'amour et de confiance, 119.
Ps. 42. L'âme affligée, cherche son refuge dans la maison de Dieu, 121.
Ps. 83. Même sujet, 123.
Ps. 62. Aspirations du cœur vers la maison de Dieu, 125.
Ps. 22. Sentiments de reconnaissance et de confiance, 127.
Ps. 15. Dieu seul fait la joie du chrétien, etc. 129.
Ps. 23. La table du Seigneur, et celle des méchants, 132.
Ps. 132. Les avantages de la société des bons dans la retraite, 134.
Ps. 70. Combien il est doux de chanter les bienfaits du Seigneur, 136.
Ps. 64. Tendresse du Seigneur pour les enfants de son Eglise, etc., 140.
Ps. 41. Combien de consolations dans l'espérance du Ciel, 142.
Ps. 35. Désir et espérance du Ciel. 146.
Ps. 121. Même sujet, 149.
Ps. 109. Gloire de l'Homme-Dieu ressuscité, 151.
Ps. 9. Combats de l'Eglise, 153.
Ps. 128. Triomphe perpétuel de l'Eglise, 156.
Ps. 26. Confiance et charité du vrai fidèle, 159.
Ps. 149. Même sujet, 162.
Ps. 19. Prière pour le Roi, 164.

Cantiques

Les Amabilités du Sauveur, 169.
Sur le Saint nom de Jésus, 171.
Jésus caché dans l'Eucharistie, 173.
Gloire de la vie cachée, 175.
La continuelle pensée de Jésus 177.

Sentiments d'amour, après la Communion, 178.
Action de grâces, après la Communion, 180.
Même sujet, 182.
Pour la bénédiction du Très-Saint Sacrement, 184.
Même sujet, 187.
Même sujet, 189.
Même sujet, 190.
Pour la fin d'un exercice devant le Très-Saint Sacrement, 191.
Dévotion au Saint Autel, 192.
Trésor de l'Innocence, 194.
Invitation à l'étude de la loi de Dieu, 197.
Pour une première Communion, 200.
Pour un jeune cœur dont la piété se refroidit, 205.
L'âme gémit sur ses faiblesses, 207.
Paraphrase du *Pater*, 210.
En l'honneur de la Sainte couronne d'épines, 211.
Douceur de la dévotion à Marie, 213.
Le cri du mourant, 215.

Table Alphabétique.

Accourez tous, 190.
Ah Seigneur, ah Seigneur, 99.
Applaudissez, Anges des cieux, 69.
Approchez de moi, chère enfance, 200.
A te fêter, beau jour, 59.
Au haut de la Sainte colline, 184.
Avez-vous vu celui, 169.
Cette fête à nos cœurs si chère, 67.
C'est ici la maison, 80.
Chantons un objet ravissant, 57.
Chrétien, à célébrer, 53.
Comme le cerf soupire, 142.
Croix Sainte, croix adorée, 76.
Debout près la croix de son fils, 31.
De ma profonde misère, 102.
De tous les biens source unique, 74.
Dieu caché dans un jour divin, 62.
Dieu Créateur, Dieu de clémence, 27.
Dieu, mon Dieu, vers toi, 125.
Dieu que le ciel du sein du père, 28.
Dieu trois fois saint, 31.
Dieu, vous avez dit à mon Dieu, 151.
Dis maintenant, fille du ciel, 156.
Écoute, mon enfant, ton père, 204.
Enfin, le cours des temps s'achève, 11.
Enfin plus de soupirs, 13.
Enfin vous triomphez, 64.
En miséricorde, Seigneur, 103.
Entonnons l'hymne d'allégresse, 55.
Fêtons en ce beau jour, 89.
Garde-moi constamment, Seigneur, 129.
Gloire au Dieu dont le cœur, 106.
Heureux celui qui de l'impie, 97.

Heureux ceux qu'éloignés du monde,	134.
J'adore un Dieu caché,	55.
J'aime, mon cœur,	119.
Je te louerai, Seigneur,	110.
J'ai mis en Dieu mon espérance,	117.
Je l'ai, je l'ai,	178.
Je le proclame hautement,	112.
Je pense à toi doux Jésus,	177.
Je te quitte, ô sacré séjour,	191.
Jésus, doux charme de mon âme,	65.
Jésus, mon doux Sauveur,	187.
Jésus, ton œuvre est achevé,	44.
Je t'aime pourtant, mon doux maître,	207.
Jeunes enfants, écoutez-moi,	197.
Le Seigneur est mon Pasteur,	127.
Le Seigneur s'est fait ma lumière,	159.
Ma langue du Seigneur,	180.
Non, jamais du méchant,	132.
O Dieu, c'est dans Sion,	140.
O du Christ, épouse fidèle,	82.
O fontaine d'eau vive,	61.
O Jésus, ô nom plein de charmes,	171.
O Jésus, rédempteur du monde,	15.
O joyeuse nouvelle,	149.
O mortels, quel prodige,	24.
O notre père, ô roi des cieux,	210.
O Seigneur, en toi j'espère,	156.
O vous tous qu'une même gloire,	85.
Pendant que du chant d'allégresse,	87.
Par le secours du bras céleste,	37.
Partez vite où vous appelle,	48.
Quand je viens visiter,	173.
Quand sous un fer sanglant,	59.
Que du nom des pays,	17.
Que j'aime tes tabernacles,	125.
Que je chéris ton nom,	213.
Quelle beauté jamais,	175.
Que j'aime à voir le Saint Autel,	192.
Quelle horrible frisson,	215.
Qui peut donc soulever,	153.
Quittez vite vos idoles,	19.
Qu'un nouvel hymne retentisse,	162.
Que daigne le Seigneur,	164.
Recueille ton âme,	189.
Roi des rois, majesté suprême,	71.
Sainte croix, arche salutaire,	42.
Salut, douce étoile des mers,	78.
Seigneur, mon ennemi me presse,	121.
Sauve-moi, Dieu puissant,	95.
Savez-vous bien, jeunes enfants,	194.
Seigneur, est-ce donc pour toujours,	115.
Seigneur, le ciel est la demeure,	146.
Suspendez, sublimes Archanges,	182.
Venez donc voir la couronne,	211.
Viens, Esprit-Saint,	46.
Vous, du Christ, avant sa venue,	26.
Vous qu'éblouit,	41.
Voici de notre Roi l'étendard triomphant,	29.

FIN DE LA TABLE.

A Nantes,

De l'Imprimerie de Mellinet-Malassis.

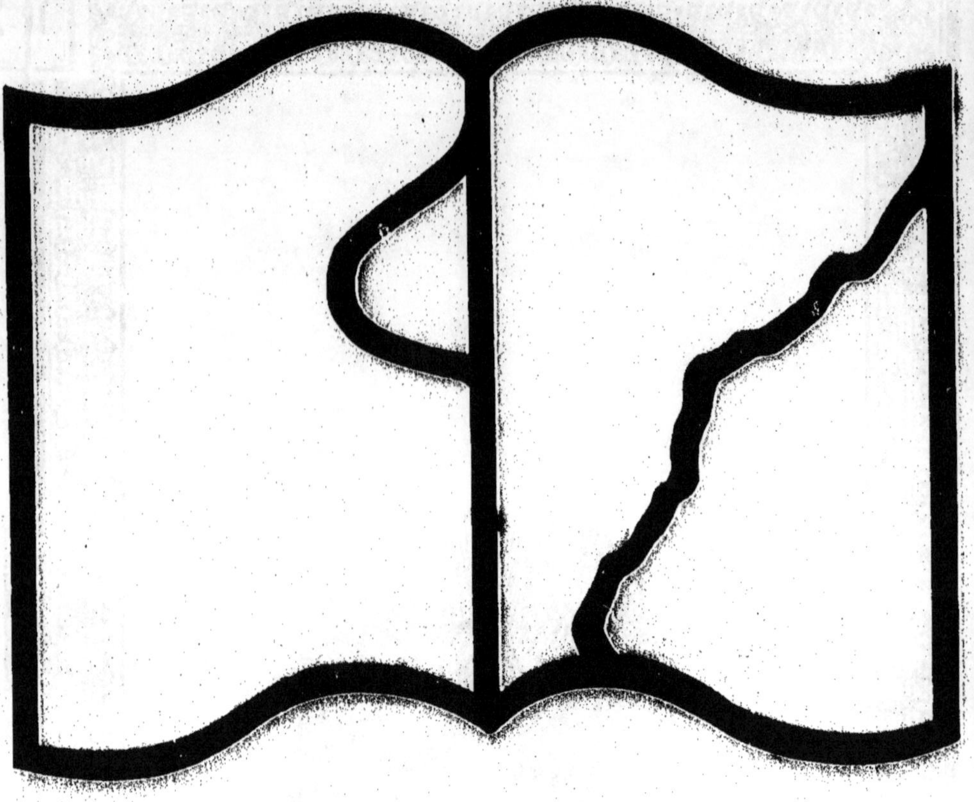

www.ingramcontent.com/pod-product-compliance
Lightning Source LLC
Chambersburg PA
CBHW070633170426
43200CB00010B/2010